LUXURY FOR DOGS

edited and written by Manuela von Perfall

Für Esther
alias Cornelia
in Liebe
[illegible]

Greifenberg, 5.12.07

LUXURY FOR DOGS

edited and written by Manuela von Perfall

teNeues

CONTENTS

Introduction

Gourmet dog food and designer fashions, diamond collars and doghouse architecture, cool shades and hot pants, perfume and pedicures — modern cynophilia, or the love of dogs, has taken on new dimensions. Time was, when the blossoming dog cult kept a low profile: people who put a ribbon in their doggie's hair were pitifully declared crazy. But today cynophilia has completely emerged from the closet and is running rampant. Everywhere in the world, dogs are curling up in canopied beds, having their fringes blow-dried and or working off their "barkday cake" on the treadmill.

Right at the top of the dog pride scale are the U.S.A, the land of canine opportunity. In 2007, the volume of expenditure in the pet industry is expected to rise to above 8 billion dollars. 62.4 million American families include dogs, and of these, 62% can look forward to celebrating their own birthday party, and 20% will even be remembered in their owner's last will and testament. Germany is leading the pack in Europe with expenditures of 3 billion euros per year handed out for close to 5 million dogs, with France, Italy, and Spain yapping right at its heels. The trend toward pets is even booming in Asia. In Shanghai, for instance, there are over 500,000 dogs; in China's capital, Peking, there are even more: trying to count them is pointless. In Mao's day, owning a dog was considered to be "bourgeoisie-minded," but today our favorite quadruped has also advanced to the best friend of the Chinese bipeds as well. There are more dogs in Japan now than children under the age of 12: namely 12.5 million dogs, or twice as many as in the 1980s. Even in Korea, where for many centuries dogs were tossed without much ado into the frying pan and served up on the dinner table, the wind has changed direction in favor of Fido. Today, the latest rage is cooking courses in dog food, which is then fed to the little darlings tidbit by tidbit.

The thirst for cultivated dog propriety is gigantic and global. It's no wonder then that creative souls and aesthetes, inventors and experts, are restlessly seeking to quench that thirst with ingredients as luxurious as possible in order to create the ideal living conditions for our four-legged, live-in friend — and, naturally, to please the human being on the other end of the leash.

The love of dogs and its accompanying extravagances are as old as the world itself. Ever since the first fairly tamed descendants evolved from the wolf's ancient ancestor, wandering mangy and ungroomed through the woods about half a million years ago, human beings have been endeavoring to care for their newfound "best friend." And it didn't take long until the fear some lone-wolf was allowed to sleep in front of the fire on the comfortable pelt that was the prize of a successful joint hunt. Four thousand years ago, the ancient Egyptians were already acquainted with many different breeds of dog and immortalized

them in reliefs. In fact, they were so attached to their four-legged friends that after the dogs died, they were mummified and buried in a sarcophagus. As companions, dogs hunted with Diana, the Roman goddess of the hunt, or stood under the direct protection of the Hindu god Shiva. Dogs also populate the ceiling paintings and high altars in Catholic baroque churches, symbolizing the harmony and diversity of creation.

Two thousand years ago, breeders were already orientating themselves on certain fashion trends. At the time of the Chinese Han Dynasty, for example, the Pekinese had become so small that they fit inside a lady's sleeve. That was not only practical and attractive, but it also had another added advantage. If a bad guy came too close to the honorable lady, the Pekinese would slip out of the sleeve and bite. Certain color combinations in the dog's coat were desirable at the imperial court of the 17th century. A black dog with white ears stood for riches and nobility; a yellow dog with white front paws meant good fortune.

In ancient Rome it was dog-eat-dog in the games in the circus arena. The ideal casting was a big, heavy, tough Mastiff. The Romans also took Mastiffs along into battle and sent them half-

starving into the arena, where they were forced to fight against professional gladiators. "Cave canem" was to be taken quite literally.

We have the aristocratic hunting rituals of the 18th century to thank for the rediscovery and further development of many breeds. "Specialists" were bred, strong enough to kill or lithe enough to flush the quarry; small enough for the fox burrow or tough enough for cold water and rocky terrain. Some retrieved the kill, others barked to show where it was, and yet others "pointed" to show what was happening. Commoners were allowed neither to touch nor own such hunting dogs, and eventually the complicated regulations, dress codes, and elaborate ceremonies became more important than the hunting of the game itself.

In the 19th century, the dog gradually became the property of the masses. Airedale Terriers went otter hunting under the command of simple factory workers. Industrialization brought a migration from the rural areas into the cities and a need for vicious little curs to exterminate rats in damp cellars. But the dog's fidelity and loyalty became increasingly more important than its mere function. People discovered in the oft despairing cities how salutary a dog's company can be. And the appearance of the dog, its design, so to speak, also became more important than ever. A sad example is the French Bulldog, a must-have fashionable breed of the 19th century. A hereditary disease called achondroplasy was deliberately employed to shorten and deform its body. To this day, no Bulldog can give birth to its young without a Caesarean section because the head is simply too large.

Today there are more than 400 different breeds of dog worldwide. They vary greatly in size, shape, coloring and coat, talent and temperament. And, naturally, evolution has not come to an end. Along with conventional new breeds like the tenacious "Blue Alpine Shepard," more and more so-called "designer dogs"— purposely bred hybrids — are panting for recognition in the pedigree books: the Golden Doodle (Golden Retriever and Poodle), for example, or the Puggle (Pug and Beagle) or the Bullmatian (Bull Terrier and Dalmatian). And don't forget the "Stiagnglander," that Bavarian potpourri of Spitz-Poodle-Dachshund — though this special model wouldn't be caught dead chasing after ambitious breed standards.

Dogs are the most multifaceted animals in the world and, next to man, the most successful mammal of all time. Their strength, elegance and charm remain unsurpassed, and for every need there is the perfect companion. What one thinks of Botox for Boxers, testicle implants, dog wigs, or leather-bound bedtime storybooks for dogs is a mute question. The reverse side of culture is often caricature and where there are emotions, idiocy is often also not far behind. So perhaps it would be best to stick to the saying that immediately suggests itself, "Live happily, live cheerfully — like a Pug in a Paletot" and just present the most beautiful, luxurious, funny and innovative ideas that the world has to offer dogs and their humans.

Manuela von Perfall

Great Dane or Havanese – to each his own. A person can select from more than 400 totally different breeds when picking the ideal companion.

Dogge oder Havaneser – jedem den Seinen: Der Mensch kann aus über 400 völlig unterschiedlichen Rassen den idealen Begleiter wählen.

Dogue ou bichon havanais – à chacun son chien : l'humain peut choisir le compagnon idéal parmi plus de 400 races totalement différentes.

Alano o Avanese: a ciascuno il suo. Fra oltre 400 razze di cani è impossibile non trovare il compagno ideale.

Dogos o javaneses: a cada uno el suyo. Entre 400 razas totalmente distintas se puede elegir el acompañante ideal para cada cual.

Einleitung

Gourmetfutter und Designermode, Brillanthalsband und Hundehausarchitektur, coole Brillen und Hotpants, Parfum und Pedicure – die moderne Hundeliebe nimmt ganz neue Dimensionen an. Blühte der Hundekult früher im Verborgenen – wer seinem Hündchen eine Schleife ins Haar band, wurde mitleidig für verrückt erklärt – so wird er heute hemmungslos ausgelebt. Auf der ganzen Welt nehmen Hunde auf Himmelbetten Platz, lassen sich den Pony föhnen oder trainieren sich auf dem Laufband die „Barkday-Torte“ ab.

Ganz oben auf der Hundestolz-Skala steht die USA, das Land der unbegrenzten Möglichkeiten: 2007 soll das Ausgabevolumen in der Haustierindustrie auf über 8 Milliarden US Dollar ansteigen. In 62,4 Millionen amerikanischer Haushalte leben Hunde, 62 % von ihnen können sich auf eine eigene Geburtstagsparty freuen, 20 % werden gar im Testament ihres Besitzers berücksichtigt. In Europa liegt Deutschland mit einem Ausgabevolumen von 3 Milliarden Euro im Jahr und ca. 5 Millionen Hunden vorne, dicht gefolgt von Frankreich, Italien und Spanien. Auch in Asien boomt der Trend zum Haustier: in Shanghai leben z.B. über 500 000 Hunde, in Chinas Hauptstadt Peking sind es noch viel mehr, zählen zwecklos. Galt zu Maos Zeiten der Besitz eines Hundes noch als „bürgerliche Gesinnung“ so ist der Vierbeiner inzwischen auch zum besten Freund des chinesischen Zweibeiners avanciert. In Japan gibt es inzwischen mehr Hunde als Kinder unter 12 Jahren, nämlich 12,5 Millionen, doppelt so viele wie in den 80er Jahren. Sogar in Korea, wo Hunde viele Jahrzehnte ohne weiteres in der Pfanne und anschließend auf dem Mittagstisch landeten, dreht sich der Wind in Richtung Spürnase: der neueste Schrei sind Kochkurse für Hundefutter, das dem Liebling dann häppchenweise serviert wird.

Der Hunger nach feinen Hundesitten ist gigantisch und global. Kein Wunder also, dass Kreative und Ästheten, Erfinder und Experten nicht ruhen und rasten, ihn mit möglichst luxuriösen Ingredienzien zu stillen. Um für unseren vierpfotigen Hausfreund die idealen Lebensbedingungen zu schaffen und natürlich auch, um das menschliche Wesen am anderen Ende der Leine zu erfreuen.

Die Hundeliebe und dazugehörigen Extravaganzen sind so alt wie die Welt. Seit aus dem Urwolf – der vor einer halben Million Jahren räudig und ungekämmt durch die Wälder streifte – die ersten ordentlich gezähmten Nachkommen hervorgingen, bemühte sich der Mensch nach allen Kräften um seinen neuen „besten“ Freund. Und es dauerte nicht lang, bis der furchterregende Einzelkämpfer auf einem gemütlichen, gemeinsam erlegten Fell vor dem Feuer schlafen durfte. Die alten Ägypter kannten vor viertausend Jahren bereits viele verschiedene Hunderassen und verewigten sie auf ihren Reliefs. Ja, sie hingen so sehr an ihren Vierbeinern, dass sie sie nach dem Tod mumifizierten und in einem Sarkophag beerdigten. Als Kameraden jagten Hunde mit Diana, der römischen Göttin der Jagd, oder standen unter dem direkten Schutz des indischen Gottes Shiva. Auch in katholischen Barock-Kirchen bevölkern Hunde Deckengemälde und Hochaltäre und versinnbildlichen Harmonie und Vielgestalt der Schöpfung.

Schon vor zweitausend Jahren orientierten sich Züchter an gewissen Modetrends. Zur Zeit der chinesischen Han-Dynastie wurden die Pekinesen beispielsweise so winzig, dass sie in einen Ärmel passten. Das war praktisch, sah gut aus und hatte noch einen weiteren Effekt: kam ein Bösewicht der ehrenwerten Dame zu nahe, schlüpfte der Pekinese aus dem Ärmel und biss zu. Im 17. Jahrhundert waren am kaiserlichen Hof gewisse Farbkombinationen im Fell besonders erwünscht. Ein schwarzer Hund mit weißen Ohren stand für Reichtum und Adel, ein gelber Hund mit weißen Vorderpfoten bedeutete Glück.

Im alten Rom ging es hundemäßig gesehen hauptsächlich um „Kampf und Spiele“. Idealbesetzung: die Dogge – groß, schwer, zäh. Die Römer nahmen sie mit in die Schlacht oder schickten sie halbverhungert in die Arena, wo sie gegen professionelle Gladia-

toren antreten musste. „Cave canem“ war also durchaus wörtlich zu nehmen.

Aristokratischen Jagdritualen des 18. Jahrhunderts verdanken wir die Wiederentdeckung und Weiterentwicklung vieler Rassen. „Spezialisten“ wurden gezüchtet, kräftig genug, um zu töten, oder geschmeidig genug, um zu hetzen, klein genug für den Fuchsbau oder hart genug für kaltes Wasser und felsiges Gelände. Manche apportierten die Beute, andere verbellten sie, wieder andere „standen vor“ und zeigten so, was los war. Nichtadelige durften solche Jagdhunde weder besitzen noch berühren und schließlich wurden die komplizierten Regeln, Kleidungsvorschriften und kunstvollen Zeremonien wichtiger als die Erlegung des Wildes selbst.

Im 19. Jahrhundert schließlich wurde der Hund zum Allgemeingut. Airedaleterrier gingen im Auftrag einfacher Fabrikarbeiter auf Otterjagd, mit der Industrialisierung zog man vom Land in die Stadt und brauchte kleine scharfe Köter für die Rattenvernichtung in feuchten Kellern. Wichtiger als die reine Funktion des Hundes wurde aber mehr und mehr seine Treue und Loyalität: die Menschen entdeckten in oft trostlosen Großstädten, wie heilsam die Gesellschaft eines Hundes sein kann. Und wichtiger denn je wurde auch das Aussehen des Hundes, sein Design. Ein trauriges Beispiel ist die französische Bulldogge, eine Musthave-Moderasse des 19. Jahrhunderts. Man nutzte eine Erbkrankheit namens Achondroplasie, um den Körper gezielt zu verkürzen und zu deformieren. Bis heute kann keine Bulldogge ein Junges ohne Kaiserschnitt zur Welt bringen weil der Kopf einfach zu groß ist.

Inzwischen gibt es weltweit über 400 verschiedene Hunderassen. Sie unterscheiden sich gewaltig in Größe und Gestalt, Farbe und Fell, Talent und Temperament. Und natürlich ist die Evolution noch längst nicht abgeschlossen. Neben konventionellen Neuerscheinungen wie dem ausdauernden „blauen Alpinschäfer“ lechzen auch immer mehr so genannte „Designerhunde“ – absichtlich gezüchtete Mischlinge – nach Anerkennung in den Zuchtbüchern. Der Goldendoodle beispielsweise (Golden Retriever und Pudel), oder der Puggle (Mops und Beagle) oder der Bullmatian (Bullterrier und Dalmatiner). Und nicht zu vergessen: der „Stiagnglander“ das bayerische Potpourri aus Spitz-Pudel-Dackel. Dieses Sondermodell würde allerdings nur über seine Leiche ehrgeizigen Rasse-Standards hinterherhecheln.

Der Hund ist das facettenreichste Tier der Welt – und neben dem Menschen das erfolgreichste Säugetier aller Zeiten. Seine Kraft, seine Eleganz und sein Charme sind nicht zu überbieten und für jedes Bedürfnis gibt es den perfekten Begleiter. Was von Botox für Boxer, Hodenimplataten, Hundeperücken oder in Leder gebundenen Gutenachtgeschichten für Hunde zu halten ist, sei dahin gestellt. Die Kehrseite der Kultur ist oft die Karikatur, und wo Emotionen sind, da ist manchmal auch Schwachsinn nicht weit. So halten wir uns lieber an die naheliegende Devise „Lebe glücklich, lebe froh – wie der Mops im Paletot“ und präsentieren einfach nur die schönsten, luxuriösesten, lustigsten und innovativsten Ideen, die die Welt für Hunde und ihre Menschen bereit hält.

Manuela von Perfall

Invitation to a barkday party with a carrot barkday cake, presents and good friends. That's what a modern dog's life looks like.

Einladung zum Barkday mit Geburtstagtorte auf Karottenbasis, Geschenken und guten Freunden. So sieht das moderne Hundeleben aus.

Fête d'anniversaire bruyante : un gâteau à base de carottes, des cadeaux et des amis. La vie moderne des chiens.

La moderna "vita da cani": invito al barkday con torta di compleanno a base di carote, regali e buoni amici.

Invitación a Barkday con tarta de cumpleaños a base de zanahoria, regalos y buenos amigos. Esta es la moderna vida de perros.

Introduction

Mets fins, haute couture, collier serti de brillants et architecture canine, lunettes du dernier cri et hotpants, parfum et soins pédicures – l'amour moderne des chiens atteint une nouvelle dimension. Si le culte canin s'épanouissait jadis dans l'intimité – mettre un nœud sur la tête de son toutou ne pouvait être que l'acte d'un triste fou –, aujourd'hui il se pratique ouvertement. Partout dans le monde, des chiens se prélassent dans un lit à baldaquin, ressortent du toilettage avec un brushing ou perdent des grammes superflus sur un tapis roulant.

Pays de tous les possibles, les États-Unis d'Amérique tiennent le leadership mondial de la fierté portée au meilleur ami de l'homme. Les dépenses sur le marché animalier représenteront plus de 8 milliards de dollars en 2007. 62,4 millions de foyers possèdent un chien ; 62 % d'entre eux célèbrent son anniversaire et 20 % le couchent même sur leur testament. En Europe, c'est l'Allemagne qui bat tous les records : on y dépense 3 milliards d'euros par an en accessoires pour quelque 5 millions de chiens. Suivent de près la France, l'Italie et l'Espagne. L'amour du chien est en expansion en Asie également : Shanghai compte plus de 500 000 chiens et à Pékin, capitale de la Chine, la population canine est trop nombreuse pour être recensée. Alors que posséder un chien était qualifié de « tendance bourgeoise » sous Mao, le quatre-pattes a, depuis lors, été promu au rang de « meilleur ami des bipèdes humains » dans le pays. Au Japon, il y a déjà plus de chiens que d'enfants de moins de 12 ans, soit 12,5 millions, deux fois plus que dans les années 1980. Même en Corée, où ils ont atterri si longtemps et sans état d'âme dans la poêle, puis dans l'assiette, les chiens ont le vent en poupe. Les cours de cuisine pour la création de petits plats servis à la cuillère au chouchou de la famille sont du dernier cri.

La soif de haute culture canine est gigantesque et globale. Rien d'étonnant à ce que créateurs, esthètes, inventeurs et experts rivalisent, pour la tarir, avec des produits hyper luxueux. Afin d'offrir à notre cher animal des conditions de vie idéales. Afin aussi de réjouir l'être humain à l'autre bout de la laisse.

L'amour des chiens et toutes les extravagances qu'il engendre sont aussi vieux que le monde. Après la domestication du premier descendant du loup – cet ancêtre au poil hirsute et à la peau galeuse qui, voici 500 000 ans, peuplait les forêts –, l'homme s'est occupé du mieux qu'il a pu de son « meilleur » ami, et bientôt le successeur du monstre effrayant a pu se reposer sur une douillette peau de bête abattue avec son maître. Il y a 4 000 ans, les Égyptiens connaissaient de nombreuses races différentes, qu'ils ont immortalisées sur des reliefs. Ils tenaient tant à leurs compagnons à quatre pattes qu'ils les faisaient momifier après leur mort et enterrer dans un sarcophage. Les amis des dieux chassaient avec Diane, la déesse romaine de la chasse, et, en Inde, ils étaient placés sous la protection directe de Shiva. Symboles de l'harmonie et de la diversité de la Création, les chiens foisonnent également sur les fresques des plafonds ou le maître-autel d'églises catholiques baroques.

Il y a 2000 ans déjà, des éleveurs ont commencé à tenir compte de l'air du temps. Sous la dynastie chinoise Han, les Pékinois étaient si petits qu'ils pouvaient rentrer dans une manche de vêtement. C'était pratique et élégant, et cela présentait un avantage majeur : dès qu'un homme mal intentionné s'approchait trop près d'une dame, le Pékinois du compagnon surgissait de la manche et mordait l'importun. La cour impériale du XVIIe siècle prisait certaines combinaisons de couleurs de robe. Un chien noir aux oreilles blanches figurait la richesse et la noblesse ; un poil fauve et des pattes avant blanches étaient signe de bonheur.

Dans la Rome antique, les chiens accompagnaient surtout les soldats au combat ou étaient lancés dans les arènes. Grand, lourd et coriace, le dogue était idéal pour former des équipes musclées. Les Romains lâchaient leurs molosses dogues à demi affamés dans une arène où les attendaient des gladiateurs professionnels. « Cave canem » prenait ici tout son sens.

Nous devons la redécouverte et l'évolution de nombreuses races aux rituels aristocratiques de la chasse du XVIIIe siècle. La cour élevait des « spécialistes » assez puissants pour tuer, assez agiles pour acculer le gibier, assez petits pour se glisser dans les tanières de renards, ou encore assez résistants pour affronter les eaux froides et les terrains ingrats. Les uns rapportaient les proies, d'autres les mettaient aux abois, les chiens d'arrêt signalaient la moindre piste. Un roturier n'avait pas le droit de posséder de chien de chasse, ni même d'en toucher un. Puis le règlement compliqué, les contraintes vestimentaires et le cérémonial finirent par prendre plus d'importance que la mise à mort elle-même du gibier.

Au XIXe siècle, le chien devient un bien populaire. Les ouvriers vont chasser la loutre avec leur Airedale terrier. Puis, l'exode rural induit par l'industrialisation fait surgir la nécessité de posséder de petits canidés domestiques cruels pour exterminer les rats dans les caves humides. La fidélité et la loyauté du chien évincera de plus en plus son intérêt initial : les habitants de villes, mornes pour la plupart, découvrent combien sa compagnie est réconfortante. Dès lors, l'allure et le physique canins prennent une valeur inégalée. Le bouledogue français, un must en matière de race à la mode au XIXe siècle, en livre un triste exemple : l'exploitation de la maladie génétique appelée achondroplasie a permis de raccourcir et de déformer son corps. Depuis cette époque, les femelles ne peuvent plus mettre bas sans césarienne tant la tête des chiots est grosse.

Les plus de 400 races de chiens différentes répertoriées actuellement se distinguent considérablement par la taille, l'aspect, le poil, la couleur, le talent et le caractère. Une évolution évidemment encore loin d'être achevée. Outre les nouveaux spécimens déjà classiques tels que le robuste « berger alpin bleu » , les éleveurs se bousculent pour inscrire leurs « chiens tendance », obtenus par un croisement ciblé, dans le registre des races reconnues par les sociétés canines. C'est le cas du goldendoodle (golden retriever et caniche), du puggle (carlin et beagle) ou du bullmatian (bull-terrier et dalmatien). Sans oublier le « stiagnglander », cocktail bavarois de spitz, de caniche et de teckel – qui, lui, n'halèterait pour rien au monde derrière les fières races standard.

Le chien est l'animal le plus intéressant au monde par ses multiples facettes – et avec l'homme, le mammifère le plus brillant de tous les temps. Sa force, son élégance et son charme n'ont pas d'équivalents et il existe un compagnon idéal pour chaque style de vie. À quoi bon polémiquer sur la toxine botulinique, les implants de testicules, les perruques ou les livres d'histoires pour endormir les chiens à reliure en cuir ! L'envers de la culture débouche souvent sur la caricature et l'affectif frise parfois la stupidité. D'où la devise adoptée pour réaliser cet ouvrage : « Vivons heureux comme un carlin en paletot. » Nous avons préféré nous limiter à la présentation des idées les plus belles, les plus luxueuses, les plus amusantes et les plus innovantes que propose le monde canin aux chiens et à leurs maîtres.

Manuela von Perfall

Dogs are survivors. They forgive everything and love unconditionally. And even when in a slightly precarious situation, they always find time for a powernap.

Hunde sind Lebenskünstler. Sie verzeihen alles und lieben bedingungslos. Und haben auch in leichter Schieflage immer Zeit für einen powernap.

Les chiens ont du savoir-vivre. Ils pardonnent tout, aiment inconditionnellement. Même une position légèrement inconfortable ne les empêche pas de faire un somme.

I cani sanno godersi la vita. Perdonano qualunque cosa e amano di amore incondizionato. E trovano il tempo per un pisolino ristoratore anche se la posizione non è perfettamente orizzontale.

Los perros saben vivir. Perdonan todo y aman sin condiciones. En incluso si algo se tuerce siempre tienen tiempo para una siestecita.

Introduzione

Cibo da gourmet e abbigliamento di grandi stilisti, collare con brillanti e architettura per cucce, occhiali fashion e *hotpants*, profumi e pedicure: l'amore per i cani scopre attualmente prospettive inedite. Se il culto cinofilo si consumava un tempo all'oscuro, e chi metteva un nastrino in testa al cane veniva compatito o considerato pazzo, oggi invece la passione si vive senza inibizioni. In tutto il mondo i cani vanno a dormire in letti a baldacchino, si fanno pettinare la frangia e sudano in pista per smaltire la "torta del barkday".

In cima a questa scala immaginaria dell'amore cinofilo si trovano gli Stati Uniti, la terra delle infinite possibilità: per il 2007 è previsto un aumento delle spese per il settore degli animali domestici fino a superare gli 8 miliardi di dollari. I proprietari americani di cani sono 62,4 milioni, il 62 % dei quadrupedi festeggia il compleanno e il 20 % è stato persino considerato nel testamento del padrone. In Europa la Germania è in testa alla classifica, con circa 3 miliardi di euro di spesa all'anno e circa 5 milioni di cani, seguita a ruota da Francia, Italia e Spagna. Il trend dell'animale da compagnia ha raggiunto anche l'Asia: a Shanghai per esempio vivono oltre 500 000 cani, nella capitale Pechino sono sicuramente di più, ma un conteggio è impossibile. Ai tempi di Mao possedere un cane era considerato segno di "mentalità borghese", ora invece il quattrozampe è diventato il migliore amico del bipede cinese. In Giappone si contano ormai più cani che bambini sotto i 12 anni, 12,5 milioni per la precisione, il doppio rispetto agli anni ottanta. Persino in Corea, dove i cani per decenni finivano senza tante cerimonie in padella e poi a tavola, il vento è girato in direzione favorevole ai nasi da fiuto: l'ultimo strillo sono corsi di cucina per cibo per cani, servito poi debitamente porzionato ai beniamini.

La fame di raffinatezza anche per il cane è insaziabile e diffusa in tutto il mondo. Non c'è da meravigliarsi quindi che esteti e creativi, esperti e inventori non stiano con le mani in mano ma cerchino di soddisfare le nuove esigenze, possibilmente con ingredienti di lusso. Un po' per creare le migliori condizioni di vita per il nostro amico a quattro zampe, e un po' naturalmente per far contento anche l'essere umano all'altro capo del guinzaglio.

L'amore per i cani e le stravaganti sfumature che esso può assumere sono vecchi come il mondo. Quando il lupo primitivo, che mezzo milione d'anni fa percorreva i boschi, pieno di rogna e con il pelo spettinato, diede origine alla prima prole ben addomesticata, l'uomo cominciò a darsi da fare per il suo nuovo "migliore" amico. E dopo poco tempo il temibile guerriero solitario aveva il permesso di dormire davanti al fuoco sulla confortevole pelliccia di un animale cacciato insieme. Quattromila anni fa gli antichi egizi conoscevano già diverse razze di cani e le immortalavano in rilievi scultorei; erano così affezionati ai loro animali che dopo la morte li mummificavano e li seppellivano in

un sarcofago. Amici degli dei, i cani accompagnano Diana, la dea romana della caccia, o si trovano sotto la diretta protezione del dio indiano Shiva. Anche nelle chiese cattoliche barocche gli affreschi delle cupole e le pale di altare sono spesso popolate di cani, simbolo di armonia e molteplicità del creato.

Già duemila anni fa gli allevatori seguivano trend ben precisi. All'epoca della dinastia Han in Cina i Pechinesi erano così minuscoli che stavano nelle maniche dei vestiti, cosa di grande praticità, bella da vedere e dotata di un ulteriore vantaggio: se un malvagio si avvicinava troppo alla dama, il cane sbucava dalla manica e lo azzannava. Nel XVII secolo alla corte imperiale alcune colorazioni del mantello erano particolarmente apprezzate: un cane nero con le orecchie bianche era considerato simbolo di nobiltà e ricchezza, un cane giallo con le zampe anteriori bianche significava fortuna.

Nella Roma antica il cane si trovava a suo agio soprattutto in giochi e combattimenti. Protagonista ideale il Molosso, grosso,

pesante e resistente. I romani lo portavano in battaglia o lo mandavano affamato nell'arena a combattere contro gladiatori professionisti. "Cave canem" di nome e di fatto, quindi.

La riscoperta e lo sviluppo di molte razze si devono ai rituali di caccia dell'aristocrazia del XVIII secolo, che richiedevano "specialisti" selezionati appositamente, forti per uccidere, agili per inseguire, piccoli per entrare nelle tane delle volpi o robusti per le acque gelide e i terreni rocciosi. Alcuni riportavano la preda, altri la stanavano latrando, altri "puntavano", rivelando l'accaduto. A chi non era nobile era proibito possedere e persino toccare i cani da caccia, e alla fine le complesse regole, i codici di abbigliamento e le cerimonie artificiose divennero più importanti della cattura stessa della selvaggina.

Nel XIX secolo il cane divenne infine bene comune. Semplici operai mandavano gli Airedale Terrier a cacciare le lontre, e quando con l'industrializzazione ci si spostò dalla campagna alla città servivano cani piccoli e veloci per uccidere i ratti nelle cantine umide. Oltre alla mera funzione del cane acquisirono sempre maggiore importanza le sue doti di lealtà e fedeltà: nelle grandi città, spesso desolate e inospitali, l'uomo si accorse di quanto fosse benefica la compagnia di un cane. Di pari passo cresceva l'importanza attribuita all'aspetto del cane, al suo "design". Un triste esempio è il Bulldog, cane di moda nel XIX secolo, per il quale si sfruttò una malattia genetica ereditaria, l'acondroplasia, per accorciare e deformare volutamente il corpo. Ancora oggi i Bulldog non possono partorire per via naturale, bensì solo tramite parto cesareo, a causa della misura eccessiva del cranio.

Al mondo si contano oggi oltre 400 razze di cani, diversissime tra loro per mole e forma, per colore e mantello, per abilità e temperamento: e naturalmente l'evoluzione è ben lungi dall'essersi conclusa. Accanto a nuovi esemplari piuttosto convenzionali, come il resistente Pastore Alpino Blu, aumentano i "cani di design", meticci selezionati appositamente che attendono ansiosamente il riconoscimento del pedigree della razza, come ad esempio il "Goldendoodle" (Golden Retriever e Barbone), il "Puggle" (Carlino e Beagle) o il "Bullmatian" (Bull Terrier e Dalmata). Da non dimenticare poi lo "Stiagnglander", pot-pourri bavarese di Spitz, Barboncino e Bassotto. Un modello speciale che però mai e poi mai si abbasserebbe a rincorrere ambiziosi standard di razze.

Il cane è l'animale più poliedrico del creato, e insieme all'uomo il mammifero di maggior successo di tutti i tempi. Insuperati sono la sua forza, la sua eleganza e il suo fascino, e per ogni esigenza c'è l'accompagnatore perfetto. A ognuno la libertà di pensare ciò che si vuole su botox per Boxer, impianti testicolari, parrucche per cani e storie della buonanotte rilegate in pelle. La cultura porta con sé, come retro della medaglia, la caricatura; quindi, dove si trovano le emozioni si trova anche la follia. Meglio invece mostrare cosa significhi veramente una "vita da cani", con le idee più belle, lussuose, divertenti e innovative per i cani e i loro umani.
Manuela von Perfall

Bullseye, the famous "face" of Target Brands, was the first animal to be included in Madame Tussaud's Wax Museum (right).

Bullseye, das berühmte „Gesicht" der Designfirma Target wurde als erstes Tier in Madame Tussauds Wachsfigurenkabinett aufgenommen (rechts).

Cœur de cible. Le célèbre motif de la société de design Target fut le premier animal exposé au musée de cire de Madame Tussaud (à droite).

Bullseye, il cane con l'occhio bersaglio, celebre "volto" di Target, famosa società di design, è stato il primo animale accolto fra le figure di cera di Madame Tussaud (a destra).

Bullseye, el famoso "rostro" de la empresa de diseño Target fue el primer animal representado en el Museo de Cera de Madame Tussauds (derecha).

Introducción

Comida para gourmets y moda de diseño, collares de brillantes y arquitectura de casetas, estilosas gafas y pantaloncitos, perfume y pedicura –el moderno amor por los perros toma dimensiones totalmente nuevas. Mientras que antes el culto al perro prosperaba a escondidas –a quien ataba a su can un lazo en el pelo se le tenía compasivamente por loco– hoy se vive abiertamente. Perros de todo el mundo se acuestan en camas con baldaquín, se dejan peinar el flequillo con el secador y queman en la cinta sin fin las calorías de la tarta Barkday.

El primer puesto en la escala del orgullo canino lo ocupa Estados Unidos, el país de las infinitas posibilidades: En 2007 el presupuesto invertido en la industria de los animales domésticos se elevará a más de 8 mil millones de dólares. En 62,4 millones de hogares americanos viven perros, al 62 % de ellos le celebran su propia fiesta de cumpleaños y el 20 % es tenido en cuenta en el testamento de sus dueños. En Europa es Alemania quien encabeza el volumen de gastos con 3 mil millones de euros al año y unos 5 millones de perros, aproximadamente. Le siguen de cerca Francia, Italia y España. También en Asia florece la moda de los animales domésticos: en Shanghai viven, por ejemplo, 500 000 perros. En Pekín, la capital de China, son muchos más, no tiene sentido contarlos. Mientras que en tiempos de Mao la posesión de un perro se consideraba todavía una "tendencia burguesa", el can ha pasado hoy en día a convertirse en el mejor amigo del chino. En Japón hay, entre tanto, más perros que niños menores de 12 años, concretamente 12,5 millones, el doble que en la década de 1980. Incluso en Corea, donde durante décadas los perros acababan sin más en la sartén y luego en la mesa ha cambiado el viento en favor del hocico: el último grito son cursos de cocina de comida para perros, que luego se sirve al querido animal a modo de tapas.

La sed de refinadas costumbres caninas es gigantesca y global, así que no es de extrañar que creativos y estetas, inventores y expertos no paren ni descansen para saciarla con los ingredientes lo más lujosos posible, para crear las condiciones de vida ideales para nuestro amigo de cuatro patas y naturalmente para satisfacer al ser humano al otro extremo de la correa.

El amor por los perros y las correspondientes extravagancias son tan antiguas como el mundo. Desde que aparecieran los primeros sucesores correctamente domesticados de aquel lobo primitivo –que recorría los bosques sarnoso y desgreñado hace medio millón de años–, el ser humano se ocupó con todas sus fuerzas de su nuevo "mejor" amigo. Y aquel luchador solitario capaz de atemorizar no tardó en obtener permiso para dormir cómodamente junto al dueño sobre la piel tendida ante el fuego, trofeo de la caza en común. Hace más de cuatro mil años, los antiguos egipcios conocían ya muchas razas de perro diferentes y las perpetuaron en sus relieves. Y amaban tanto a sus canes que incluso los momificaban después de la muerte y los enterraban en un sarcófago. Como compañeros, los perros cazaron con Diana, la diosa de la caza de los antiguos romanos, o se encontraron bajo la protección directa del dios indio Shiva. También en las iglesias católicas del barroco, los perros pueblan los frescos de techos y altares mayores, y simbolizan la armonía y diversidad de la Creación.

Hace más de dos mil años, los criadores se dejaban ya guiar por determinadas modas. Por ejemplo, en tiempos de la dinastía china Han los pequineses eran tan diminutos que cabían en la manga. Lo cual resultaba práctico, quedaba bonito y además tenía otro efecto: si un malvado se acercaba demasiado a la honorable dama, el pequinés salía de la manga y le mordía. En el siglo XVII se buscaba en la corte imperial determinadas combinaciones cromáticas de la piel. Un perro negro con las orejas blancas representaba riqueza y nobleza, un perro beige con las patas delanteras blancas significaba suete.

En la antigua Roma el tema de los perros giraba principalmente en torno a "lucha y juegos". El protagonista ideal era un dogo grande, pesado, resistente. Los romanos lo llevaban consigo a la guerra o lo enviaban medio muerto de hambre a la arena, donde debía enfrentarse a gladiadores profesionales. La expresión "Cave canem" (cuidado con el perro) tenía un significado literal.

A los rituales cinegéticos de la aristocracia en el siglo XVIII debemos el nuevo descubrimiento y desarrollo de muchas razas. Se criaban "especialistas" lo bastante fuertes como para matar, o lo bastante flexibles como para acosar a la presa, lo bastante pequeños como para entrar en la guarida del zorro o lo bastante férreos como para resistir el agua fría o un terreno rocoso. Algunos traían la presa, otros la atajaban; había otros que "se colocaban de muestra" e indicaban lo que sucedía. Quienes no pertenecían a la nobleza tenían prohibido poseer o tocar a tales perros de caza y finalmente, las complicadas reglas, los preceptos en cuanto al vestir y las artificiosas ceremonias acabaron adquiriendo más importancia que la propia caza.

En el siglo XIX el perro se convirtió finalmente en bien común. Terrier airedale iban a la caza de la nutria comandados por simples obreros de fábrica. Con la industrialización se pasó a vivir en la ciudad en vez de en el campo y se necesitaron pequeños y feroces canes para eliminar a las ratas de los sótanos húmedos. Pero más importante que la mera función del perro pasó a ser, cada vez más, su fidelidad y lealtad: en las grandes ciudades, a menudo deshumanizadas, las personas descubrieron lo provechosa que puede ser la compañía de un perro. Y más importante que nunca pasó a ser el aspecto del perro, su diseño. Un triste ejemplo es el bulldog francés, una raza de moda indispensable en el siglo XIX. Se utilizó una enfermedad hereditaria llamada acondroplasia para reducir y deformar intencionadamente el cuerpo. Hasta el día de hoy ninguna bulldog puede traer al mundo sus cachorros sin cesárea, ya que la cabeza es sencillamente demasiado grande.

Entre tanto hay en todo el mundo más de 400 razas de perros diferentes. Las diferencias son enormes en cuanto a tamaño y constitución, color y pelaje, talento y temperamento. Y como es lógico la evolución no ha llegado ni mucho menos a su fin. Junto a las nuevas apariciones convencionales como el tenaz "pastor alemán alpino de color azul", cada vez son más los llamados "perros de diseño" –cruces criados conscientemente– los cuales esperan ansiosamente el reconocimiento en los libros de cría. Por ejemplo el "goldendoodle" (golden retriever y caniche), o el "puggle" (carlino y beagles) o el "bullmatian" (bullterrier y dálmata). Y no hay que olvidar el "stiagnglander" esa mezcla bávara de spitz-caniche y perro salchicha. No obstante, habría que pasar por encima de su cadáver antes de que este modelo especial jadeara tras los ambiciosos estándares de raza.

El perro es el animal más polifacético del mundo –y junto al ser humano, el mamífero con más éxito de todos los tiempos. Su fuerza, elegancia y encanto son insuperables y además existe el perfecto acompañante para cada necesidad. Cada uno es muy libre de pensar lo quiera acerca del botox para los boxer, implantes para los testículos, pelucas para perros o libros de cuentos para ir a la cama especiales para perros y encuadernados en cuero. El reverso de la cultura suele ser la caricatura y allá donde hay emociones a veces anda cerca la locura. Así que mejor nos atenemos al sencillo lema que dice: „Vive feliz, vive contento como el carlino entre el heno" y limitémonos a presentar las ideas más hermosas, lujosas, divertidas e innovadoras, que el mundo tiene preparadas para los perros y sus personas.

Manuela von Perfall

Many hotels have adapted to their four-legged guests and pamper the well-traveled dog with sensitivity and expertise.

Viele Hotels haben sich auf vierbeinige Gäste eingestellt und verwöhnen den Weitgereisten mit viel Gefühl und Sachverstand.

De nombreux hôtels se sont spécialisés dans l'hébergement des quatre-pattes. On y gâte avec tact et professionnalisme l'hôte arrivé de loin.

Sono sempre più numerosi gli hotel che vengono incontro alle esigenze degli ospiti a quattro zampe e sanno coccolare i viaggiatori con sensibilità ed esperienza.

Muchos hoteles se han adaptado a los huéspedes de cuatro patas y miman a los viajeros con mucho tacto y comprensión.

Accessories

Leashes | Collars | Toys

Leinen | Halsbänder | Spielzeug

Laisses | Colliers | Jouets

Guinzagli | Collari | Giocattoli

Correas | Collares | Juguetes

It-Bag for the mistress, Must-have Collar for the dog. Top quality and elegant styling are a matter of course for proud top-class dogs; unless they don't want to be recognized.

„It-Bag" für Frauchen, „Must-have Halsband" für den Hund. Beste Qualität und elegantes Styling sind Ehrensache für den stolzen Klasse-Hund. Es sei denn, er möchte unerkannt bleiben.

Sac tendance pour la maîtresse, le « must » des colliers pour son chien. Qualité supérieure et élégance sont une question d'honneur pour un fier chien de race. À moins qu'il ne veuille passer incognito.

La "It-Bag" per la padrona, il collare "must" per il cane. Il cane di classe non rinuncia alla migliore qualità e allo stile ricercato. A meno che non preferisca passare inosservato.

"It-bag" para la dueña, collar "must-have" para el perro. La mejor calidad y un estilo elegante son cuestión de honor para un can con clase. A menos que quiera pasar desapercibido.

Leashes | Collars

It seems like the most sensible thing to do: put a collar around the dog's neck and attach a leash to it. After all, nobody wants their four-legged friend to run off. Of course, all you really need to do is take a length of old rope, tie a knot with a loop in it and behold: mission accomplished. But wait a minute! Bad dog! Down! Sit! Where is the aesthetics, the style, the elegance, the individual expression in this sad solution? If human beings didn't tirelessly aspire to higher things, they'd remain uncultured philistines — and Fido a nobody.

It comes then as no surprise that there are more kinds of dog collars and leashes than fleas in a dog pound: the world market offers something to suit the character of every canine. Posh classics of hand-stitched elk leather, for example, emphasize a sense of duty; gaudy patent leather accessories accentuate a cheerful, somewhat reckless personality. Sturdy, dirt-resistant, waterproof designs encourage rollicking rambles whatever the weather, while the diamond-studded *collier de chien* is best left at home. So, what ideally suits the unique temperament of a Spitz, Dachshund, Dalmatian, Poodle, Spaniel or Terrier? What harmonizes with the dog's coat, punctuates its silhouette, flatters its figure? African patterns, pearls or plush, studs or gold coins, semiprecious gems or a wreath of silk flowers, or perhaps even hand-tooled silver on velvet? In particular the women among us will probably recognize the torment of making the correct choice, even in such doggish matters.

Leinen | Halsbänder

Es liegt nahe, dem Hund ein Halsband umzulegen und eine Leine daran zu befestigen. Der Mensch will nämlich, dass sein vierpfotiger Begleiter nicht abhaut. Also könnte er nun einen alten Strick nehmen, einen Knoten und eine Schlaufe daran machen – sein Wille wäre erfüllt und der Zweck erreicht. Aber halt! Pfui, Platz, Down. Wo bleiben Ästhetik, Styling, Eleganz, Individualisierung bei dieser ärmlichen Lösung? Würde der Mensch nicht unermüdlich nach Höherem streben, bliebe er ein Banause – und Bello ein Nobody.

Kein Wunder also, dass es so viele Halsbänder und Leinen gibt wie Sand am Meer und der Weltmarkt für jeden Hundecharakter etwas Passendes bereit hält: Edle Klassiker aus handgenähtem Elchleder betonen z.B. das Pflichtbewusstsein, knallbunte Lackaccessoires unterstreichen eine fröhliche, etwas leichtsinnige Persönlichkeit. Strapazierfähige, schmutzabweisende, wasserfeste Modelle fördern übermütige Ausflüge bei Wind und Wetter, während das brillantbesetzte „Collier de Chien" besser zu Hause bleibt. Was passt denn nun optimal zum Spitz, Dackel, Dalmatiner, Pudel, Spaniel, Terrier und seinem einzigartigen Temperament? Was harmoniert zudem mit seinem Fell, pointiert seine Silhouette, schmeichelt seiner Figur? Afrikanische Muster, Perlen oder Plüsch, Nieten oder Goldmünzen, Halbedelsteine oder ein Kranz aus Seidenblumen, oder doch handgehämmertes Silber auf Samt? Vor allem die Frauchen unter uns wissen, dass die rechte Wahl auch in Sachen Hund zur rechten Qual werden kann.

Laisses | Colliers

Placer un collier autour du cou d'un chien et y fixer une laisse sont des gestes apparemment naturels. Aucun maître n'aimerait voir son toutou prendre la poudre d'escampette. Sinon, une vieille corde ferait aussi bien l'affaire. Mais pouah, assis ! Quid alors de l'esthétique, du style, de l'élégance, de l'individualisation ? Si l'homme n'aspirait pas inlassablement à se surpasser, il resterait toute sa vie un plouc – et Bambou un quidam.

Rien d'étonnant donc à ce que le marché mondial des accessoires offre une pléthore de colliers et de laisses, chaque maître trouvant le modèle assorti au caractère de son compagnon. Tandis que la peau d'élan par exemple, l'un des grands classiques, souligne la conscience du devoir, le cuir verni et bariolé signale une personnalité enjouée, légèrement insouciante. Avec une panoplie robuste, non salissante et imperméable, Bambou bravera toutes les intempéries. Le collier serti de brillants se porte, lui, plutôt à la maison. Que choisir pour un spitz, un teckel, un dalmatien, un caniche, un épagneul ou un terrier, des chiens à la personnalité si affirmée ? Quel accessoire harmoniser avec la couleur du poil ? Comment mettre en valeur la silhouette ? Motifs africains, perles ou peluches, rivets ou louis d'or, pierres semi-précieuses, couronne de fleurs en soie, ou plutôt argent martelé sur velours ? Faire le bon choix pour son toutou est l'un de ces cruels dilemmes que connaît bien sa maîtresse.

Guinzagli | Collari

Correas | Collares

Perché legare un collare al collo del cane e fissarvi un guinzaglio? È evidente: il padrone non vuole che il suo compagno a quattro zampe se ne scappi. Potrebbe benissimo prendere una vecchia corda, fare un cappio con un nodo, ed ecco raggiunto il suo scopo. Invece, altolà! Pussa via, a cuccia! Dove vanno a finire estetica, stile, eleganza e individualità in questa soluzione da poveretti? Se l'uomo non fosse costantemente teso al miglioramento rimarrebbe un sempliciotto – e Fido un signor nessuno.

Non c'è quindi da meravigliarsi dell'abbondanza di collari e guinzagli sul mercato mondiale, che offre l'accessorio adatto a qualsiasi tipo e carattere di cane. Il classico elegante di cuoio d'alce cucito a mano sottolinea ad esempio il senso del dovere, accessori in pelle verniciata lucida colorata evidenziano una personalità vivace, forse un po' frivola. Modelli robusti e resistenti allo sporco ispirano a gite avventurose con qualunque tempo, mentre il "collier de chien" tempestato di brillanti è meglio rimanga chiuso in casa. Cosa scegliere per lo Spitz, il Bassotto, il Dalmata, il Barboncino, lo Spaniel e il Terrier con la sua personalità unica? Quale accessorio armonizza con il pelo, affila la silhouette e lusinga la figura? Motivi africani, perle, peluche, rivetti o monete d'oro, pietre dure o una corona di fiori di seta, o forse meglio argento battuto a mano su velluto? Soprattutto le signore sanno bene che azzeccare la scelta giusta può essere una cosa molto, molto difficile, anche per un cane.

Es natural ponerle un collar a un perro y atar a éste una correa. Lo que una persona quiere es que su acompañante de cuatro patas no se le escape. Para eso podría coger una cuerda vieja y hacer en ella un nudo y un lazo; así su deseo se cumpliría y lograría su fin. Pero ¡ Alto! ¡No! ¡Sienta! ¡Abajo! ¿Dónde quedan la estética, el estilo, la elegancia, el individualismo con esta solución tan pobretona? Si el ser humano no aspirase incansablemente hacia lo más alto seguiría siendo un cualquiera –y Tobi, un don nadie.

Así que no es de extrañar que haya tantos collares y correas como granos de arena y que el mercado mundial disponga de algo apropiado para cada personalidad canina: elegantes clásicos de cuero de reno cosidos a mano resaltan, por ejemplo, el sentido de la responsabilidad; accesorios de charol de vivos colores acentúan una personalidad alegre, algo casquivana; modelos impermeables y resistentes a la suciedad fomentan excursiones intrépidas con viento y temporal; mientras que un "collier de chien" cubierto de brillantes prefiere quedarse en casa. ¿Qué es lo que mejor se adapta a un spitz, un perro salchicha, un dálmata, un caniche, un spaniel o un terrier y a su particular temperamento? ¿Qué es lo que armoniza con su piel, destaca su silueta, sienta bien a su tipo? ¿Motivos africanos, perlas, o peluches, remache o monedas de oro, piedras semipreciosas o una corona de flores de seda, o quizá plata remachada a mano sobre terciopelo? Especialmente las señoras saben que la elección correcta en cuestión de perros puede convertirse en un auténtico martirio.

Small works of art. Greyhounds traditionally stress their slender necks with richly decorated, one-of-a-kind collars. A decorative bow also fits a somewhat more full-bodied neck, emphasizing a friendly personality.

Kleine Kunstwerke. Windhunde betonen ihre schlanken Hals traditionell mit reich verzierten Unikaten. Zur etwas fülligeren Nackenpartie passt auch eine dekorative Schleife, die die freundliche Persönlichkeit unterstreicht.

De petits chefs-d'œuvre. Des modèles uniques et richement décorés mettent en valeur le cou gracile des lévriers. Pour les encolures un peu plus étoffées : un joli ruban souligne le caractère aimable de l'animal.

Piccoli capolavori. I Levrieri amano adornarsi il collo sottile con pezzi unici dai decori elaborati. Per chi ha la nuca più robusta è indicato anche un bel nastro con fiocco, che ne sottolinea la personalità estroversa.

Pequeñas obras de arte. Los galgos resaltan su típico cuello delgado con piezas únicas ricamente adornadas. En nucas algo más gruesas queda muy bien un decorativo lazo que subraya la amistosa personalidad.

Show me your dog collar—and I know who you are. With head held high, the "Playdog" wears individual marks of identification and willingly allows others to gaze with adoration.

Zeig mir dein Halsband – und ich weiß, wer du bist. Der „Playdog" trägt individuelle Erkennungszeichen hoch erhobenen Hauptes und lässt sich bereitwillig anhimmeln.

Montre-moi ton collier et je te dirai qui tu es. Le « playdog » arbore SES signes distinctifs la tête haute et accepte d'être adulé.

Dimmi che collare hai e ti dirò chi sei. Il "playdog" che si rispetti indossa a testa alta segni distintivi di riconoscimento e accoglie volentieri le testimonianze di ammirazione.

Muéstrame tu collar y te diré quién eres. El "playdog" lleva distintivos personales con la cabeza bien alta y le encanta que le admiren.

The collar is to the faithful dog what the cufflink is to the conservative man: namely the only acceptable piece of jewelry.

Was der Manschettenknopf für den konservativen Mann, ist das Halsband für den getreuen Hund: das einzig akzeptable Schmuckstück nämlich.

Le collier est au chien fidèle ce que les boutons de manchettes sont à l'homme conservateur : l'unique bijou acceptable.

Il corrispondente dei gemelli da polso per l'uomo classico è il collare per il suo fedele cane: l'unico gioiello davvero accettabile.

El collar es para el perro fiel lo que los gemelos para el hombre conservativo: la única joya aceptable.

Class with a kick. Fine examples of handcrafted dog collars please the "Gentledog." Casual as well: cheerful greetings or a built-in compass for adventurous aristocrats.

Klassik mit Kick. Edle Modelle aus der Halsbandmanufaktur erfreuen den „Gentledog". Lässsig dazu: Fröhliche Botschaften oder ein eingebauter Kompass für abenteuerlustige Aristokraten.

Classique et petit plus. Le « gentledog » est ravi de porter un modèle de luxe sorti d'un atelier de colliers. Plus sport : une inscription amusante ou une boussole intégrée pour les aristocrates aventureux.

Classico, ma con un tocco paticolare. Modelli raffinati provenienti dalla manifattura di collari sono perfetti per il "gentledog". Che con nonchalance aggiunge messaggi benauguranti o la bussola incorporata, perfetta per gli aristocratici di animo avventuroso.

Clásico renovado: refinados modelos de collares manufacturados para disfrute del "gentledog". Un toque desenfadado: mensajes alegres o una brújula para aristócratas aventureros.

ein

Bin auf Diät
Hund

SOUL

Heart and bones are the motives that ultimately guide every dog, because to eat without loving is as bad as to love without eating. The "Ultimate Crystal Dog Collars" in extra soft leather show what is expected from us humans.

Herz und Knochen sind die Motive, die letztlich jeden Hund leiten: denn Fressen ohne Liebe ist genauso schlimm wie Liebe ohne Fressen. Die „Ultimate Crystal Dog Collars" zeigen in extra weichem Leder, was von uns Menschen erwartet wird.

Les chiens réagissent à des motifs tels qu'un cœur et un os, car manger sans aimer est aussi grave qu'aimer sans manger. Grâce aux « Ultimate Crystal Dog Collars » en cuir extra souple, les humains répondent aux attentes canines.

Cuore e ossi sono i motivi che toccano le corde più profonde dell'animo canino. Perché cibo senza amore è altrettanto terribile che amore senza cibo. Gli "Ultimate Crystal Dog Collars", in pelle morbidissima, rendono esplicite le aspettative poste a noi umani.

Un corazón y huesos son los motivos que mueven a todo perro: pues alimento sin amor es tan malo como amor sin alimento. Los "Ultimate Crystal Dog Collars" muestran en cuero extra-suave lo que se espera de nosotros, las personas.

Walkers have been profiting from the functional idea of the retractable leash for decades. But what do you do with the bulky thing when there is no dog on the other end? A creative ideal solution: a custom-made shoulderbag. The house keys and credit cards fit in it as well.

Von der funktionalen Idee der Roll-Leine profitieren Spaziergänger seit Jahrzehnten. Doch wohin mit dem sperrigen Teil, wenn kein Hund am anderen Ende zieht? Gestalterische Ideallösung: die maßgemachte Umhängetasche. Da passt auch noch der Hausschlüssel und die Kreditkarte hinein.

Les promeneurs apprécient la très fonctionnelle laisse à enrouleur. Mais que faire de cet objet encombrant quand on a détaché son chien? Solution idéale et esthétique : le sac à bandoulière fait sur mesure. On peut même y ranger les clés de la maison et la carte de crédit.

Da decenni chi va a passeggio apprezza la funzionale idea del guinzaglio riavvolgibile. Ma dove riporre l'ingombrante oggetto quando manca il cane all'altra estremità? La soluzione ideale: la borsa a tracolla su misura, che offre spazio anche per le chiavi di casa e la carta di credito.

Los paseantes disfrutan desde hace décadas de la funcional idea de la correa enrollable ¿Pero que hacer con la voluminosa pieza cuando el perro no tira del otro extremo? Solución ideal y creativa: bolsa bandolera a medida. También caben las llaves de casa y la tarjeta de crédito.

For the "total look". There are dogs that are born supermodels. They even look good wet, naked, and dirty. Here we see what happens when such a dog is washed, brushed and fittingly styled. Wow!

Gestalterisches Gesamtkonzept. Es gibt Hunde, die sind geborene Super-Models. Sie sehen sogar nass, nackt und dreckig gut aus. Was passiert, wenn ein solcher Hund gewaschen, gebürstet und typgerecht gestylt wird, sehen wir hier. Wow!

Concept global de création. Certains chiens sont de super mannequins nés. Mouillés, nus ou sales, rien n'altère leur beauté. Révélateur est le résultat obtenu après lavage, brossage et coiffage suivant le type du sujet ci-dessus. Ouah, ouah !

Il look totale. Ci sono cani nati per la carriera da super model: belli persino bagnati, nudi e sporchi. La foto mostra uno di questi esemplari dopo la cura completa con bagno, spazzolatura e styling personalizzato: wow!

Concepto creativo total. Hay perros que son supermodelos natos. Incluso mojados, desnudos y sucios están guapos. Aquí vemos el resultado de lavar, cepillar y arreglar con estilo a un perro así. ¡Guau!

Toys

In the German television show "Wanna Bet," a Border Collie named "Rico" demonstrated an amazing achievement of intelligence. He was able to differentiate among more than 200 different toys by name and fetched the correct toy on command. A little while later, scientists from the Max Planck Institute of Evolutionary Anthropology tested the wonder dog again under controlled conditions, that is, without his owner. And once again, Rico proved himself: he made only 3 mistakes in 40 attempts. Although in the end the issue of whether or not dogs can speak has not yet been scientifically resolved, it is now certainly clear that they know what they are playing with. And so, even if your best friend occasionally mixes up his ball with a plush bunny or his rubber ducky with your shoe, keep up the training. One of these fine days the puppy games will be over, and your dog will be fetching your umbrella — or even hot rolls from the baker!

He who seeks, finds — toys for intellectual beasts.

Wer sucht, der findet – Spielzeug für Intelligenzbestien.

Qui cherche, trouve. Jouet pour bêtes intelligentes.

Chi cerca trova: giocattoli per intelligenze … bestiali.

Quien busca, encuentra – Juguete para inteligencias bestiales.

Spielzeug

Der Bordercollie „Rico“ zeigte in der deutschen Show „Wetten dass…“ eine unglaubliche Intelligenzleistung: er konnte mehr als 200 verschiedene Spielsachen voneinander unterscheiden und auf Zuruf das richtige apportieren. Wenig später testeten Wissenschaftler des Max Planck Instituts für evolutionäre Anthropologie das Wundertier nochmals unter „kontrollierten Bedingungen“ – d.h. in Abwesenheit seiner Besitzerin. Und wieder irrte der Hund nur in 3 von 40 Fällen. Ob ein Hund sprechen kann oder nicht, ist zwar abschließend noch nicht wissenschaftlich geklärt. Sicher ist aber nun, dass er weiß, womit er spielt. Und auch wenn Ihr bester Freund manchmal das Bällchen mit dem Plüschhasen oder die Quietschente mit Ihrem Schuh verwechselt – üben Sie weiter. Eines Tages ist Schluss mit den Kindereien und er bringt den Regenschirm und holt die Semmeln vom Bäcker.

„Games4Brain“. Der Hund muss herausfinden, wie er an das versteckte Leckerchen im Spiel kommt. Bisher gibt es sieben verschiedene Modelle aus geöltem Buchenholz – z.B. Truhe, Ofen, Kiste, Schublade – die den Gehirnjogger zu Höchstleistungen anregen.

Jouets

Au cours d’une émission allemande de divertissement, un border collie nommé « Rico » a fait preuve d’une intelligence exceptionnelle : il était capable de différencier plus de 200 jouets et rapportait celui-là même qu’on lui demandait d’aller chercher. Peu après, des chercheurs en anthropologie évolutionnaire de l’Institut Max Planck ont testé à leur tour l’animal prodigue … mais en « situation contrôlée », c’est-à-dire sans la présence de sa maîtresse. Là encore, l’animal ne commit que 3 erreurs sur 40 exercices. Que nos chers toutous soient dotés ou non de la parole, les scientifiques n’ont pas encore tranché. Il n’en reste pas moins incontestable qu’ils savent parfaitement avec quoi ils jouent. Alors, même s’il arrive à votre plus fidèle compagnon de confondre sa baballe avec son ours en peluche, ou son coincoin avec votre chaussure, ne vous découragez pas. Ces enfantillages cesseront un jour et il sera capable de vous apporter votre parapluie ou d’aller chercher la baguette chez le boulanger.

« Games4Brain ». Le jeu consiste à dénicher une friandise cachée. Grâce aux sept modèles différents en hêtre ciré – coffre, poêle, caisse, tiroir, etc. – déjà disponibles, le joggeur cérébral atteint les plus hautes performances.

“Games4Brain”. The dog has to figure out how to get at the hidden treat in the game. Up to now there are seven different models made of oiled beechwood — for example chests, ovens, crates, drawers — that motivate the mind-jogger to maximum performance.

Giocattoli

Nella versione tedesca di "Scommettiamo che ..." il Bordercollie "Rico" ha dato prova di un'intelligenza fuori dal comune distinguendo fra oltre 200 giocattoli diversi e portando quello giusto a richiesta. Successivamente i ricercatori del Max Planck Institut per antropologia evoluzionistica hanno testato il cane in "condizioni controllate", ovvero senza la presenza della sua padrona. E ancora una volta il cane ha commesso solo tre errori su 40. La ricerca ancora non è in grado di dire con certezza se i cani parlino o no; è però ormai sicuro che sanno con cosa stanno giocando. E se qualche volta il vostro migliore amico scambia la pallina con il coniglio di pezza o l'anatroccolo di gomma con la vostra scarpa, non perdete le speranze e allenatevi con costanza: un giorno smetterà di scherzare e vi porterà l'ombrello o andrà a prendere il pane fresco dal fornaio.

"Games4Brain". Il cane deve scoprire il modo di arrivare al bocconcino nascosto. Al momento disponibile in sette diversi modelli in legno di faggio trattato a olio, come ad esempio la cassa, il forno, la scatola, il cassetto, per stimolare l'intelligenza dell'allievo.

Juguetes

En el programa televisivo alemán "Wetten dass..." (¿Qué te apuestas?), el border collie "Rico" demostró tener una inteligencia increíble: podía distinguir entre sí más de 200 juguetes diferentes y llevar a su dueña exactamente el que le pedía. Un poco más tarde, científicos del instituto de antropología evolutiva Max Planck volvieron a examinar al prodigioso animal en "condiciones controladas", es decir, sin la presencia de su dueña. Y el perro, una vez más, se limitó a cometer 3 errores en 40 intentos. Aunque la ciencia todavía no haya aclarado de modo concluyente si un perro puede o no hablar, de lo que no cabe duda es de que sabe con lo que juega. Y aunque su mejor amigo confunda a veces la pelota con el conejo de trapo, o el pato de goma con el zapato, no deje de practicar. Un día se acaban los juegos de niños y le trae el paraguas, o va a buscar los panecillos al panadero.

"Games4Brain". El perro tiene que averiguar cómo puede lograr la golosina escondida en el juguete. Hasta ahora hay siete modelos diferentes de madera de haya tratada con aceite: p. ej.: baúl, estufa, caja, cajón, que fomentan altos rendimientos en los deportistas mentales.

Everything that can fly, squeak, roll and be fetched is way at the top of the wish list. Briefly put, our best friend isn't choosey. So beware Fido; children's toys are meant for children, tennis balls for tennis players, Murano glass ashtrays for smokers and Manolo Blahniks for the lady of the house, who all of a sudden can't take a joke anymore.

Alles, was fliegen, quietschen, rollen und apportiert werden kann, steht ganz oben auf der Wunschliste. Kurz gesagt: unser bester Freund ist nicht wählerisch. Also Achtung, Bello: Kinderspielzeug ist für Kinder gedacht, Tennisbälle für Tennisspieler, Muranoaschenbecher für Raucher und Manolo Blahniks für die Dame des Hauses, die plötzlich gar keinen Spaß mehr versteht.

Très prisé : tout ce qui vole, couine, roule et peut être rapporté au maître. Bref, notre meilleur ami n'est pas difficile. Mais attention, Médor : laisse aux enfants leurs jouets, la balle de tennis au joueur de tennis, le cendrier en verre de Murano au fumeur et la chaussure Manolo Blahnik à la maîtresse de maison pour qui la plaisanterie irait trop loin.

In cima alla lista dei desideri si trovano gli oggetti che volano, suonano, rotolano e da riporto. Per dirla in breve, il migliore amico dell'uomo è di bocca buona. Ma attento, Fido: i giocattoli per bambini sono progettati per i bambini, le palle da tennis per i tennisti, i posacenere di Murano per i fumatori e le Manolo Blahnik per la padrona di casa – che su certe cose non transige.

Todo lo que vuela, chirría, rueda o se puede transportar encabeza la lista de deseos. Resumiendo: nuestro mejor amigo no es caprichoso. Pero ¡Ojo Tobi! Los juguetes infantiles son para niños, las pelotas de tenis para tenistas, los ceniceros de Murano para fumadores y los Manolo Blahniks para la dueña de la casa, quien de repente ya no le ve la gracia.

High flyer. For athletic world champions of all breeds and classes there are ultra-light dog Frisbees made of fabric that can fly as well as float. The boredom is over.

Überflieger. Für sportliche Weltmeister aller Rassen und Klassen gibt es ultraleichte Hundefrisbees aus Stoff, die ebenso gut fliegen wie schwimmen. Die Langeweile hat ein Ende.

Pour les grands sportifs de la planète, toutes races et toutes classes confondues : des frisbees ultra légers en tissu, capables aussi bien de voler que de nager. Plus d'ennui garanti.

Sempre più in alto! Per i campioni sportivi di tutte le razze e le categorie sono disponibili frisbee ultraleggeri di stoffa, pensati appositamente per i cani, per l'aria e per l'acqua. Mai più noia!

Planeador. Para campeones mundiales de todas las razas y categorías hay frisbis ultraligeros de tela que tanto vuelan como nadan. Se acabó el aburrimiento.

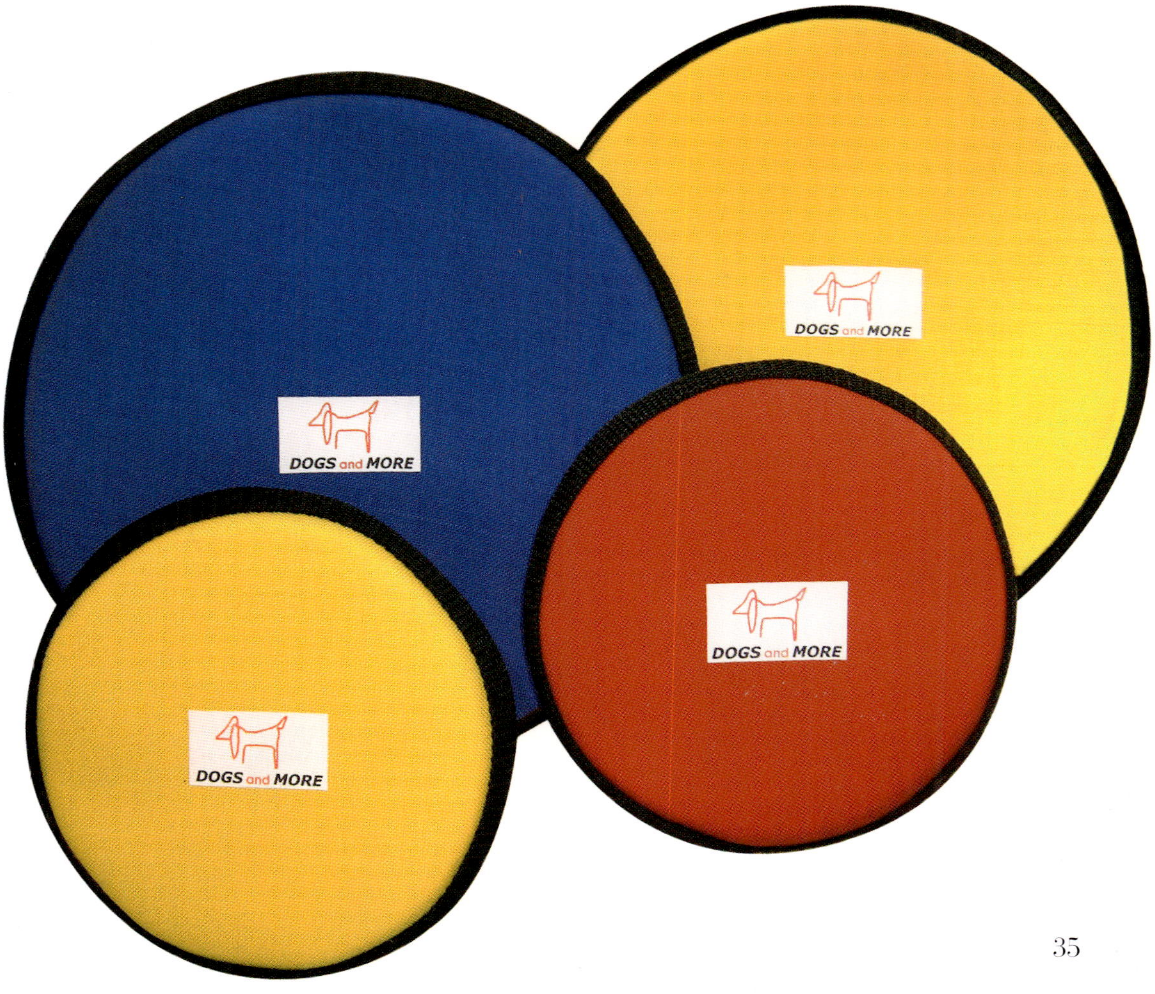

Fetish. Female dogs with a frivolous addiction to master's underpants are not socially acceptable and easily become outsiders. A case for the psychiatrist? Remarkably real-looking plush copies in the signal colors of the season provide remedial help.

Fetisch. Hündinnen mit einem frivolen Hang zu Herrchens Unterhosen sind nicht gesellschaftsfähig und werden leicht zu Outsidern. Ein Fall für den Psychiater? Abhilfe schaffen täuschend echte Plüschkopien in den Signalfarben der Saison.

Fétichisme. Les chiennes au penchant frivole pour les slips de leur maître ne sont pas sortables et passent facilement pour des marginales. Allô, Psychiatre ? De bonnes imitations en peluche dans une couleur vive à la mode peuvent remédier au problème.

Feticismo. Le cagnoline con un frivolo penchant per le mutande del padrone non sono ben viste in società e vengono spesso emarginate. Un caso da psichiatra? Per risolvere il problema, copie in finto pelo identiche al vero, nei colori squillanti della stagione.

Fetichista. Las perras con una frívola debilidad por los calzoncillos de su dueño no están bien vistas y fácilmente se convierten en *outsider*. ¿Un caso para el psiquiatra? Estas fieles imitaciones en peluche con los colores de la temporada pueden servir de ayuda.

Fetish II. No dog escapes unpunished with mistress's luxury lingerie—no matter how passionate the relationship is. Early childhood or late pubescent traumas can be avoided with the ultimate plush lace panties — simply scrumptious.

Fetisch II. Ungestraft kommt kein Hund mit Frauchens Luxusdessous davon – auch wenn die Beziehung noch so leidenschaftlich ist. Vermeiden lassen sich frühkindliche oder spätpubertäre Traumata mit dem ultimativen Spitzenplüsch-Slip – zum Anbeißen.

Fétichisme II. Un chien surpris avec un dessous de luxe de sa maîtresse mérite une punition – aussi passionnelle leur relation soit-elle. On peut éviter les traumatismes de l'enfance ou de la puberté en imposant un slip en peluche et dentelle – à croquer.

Feticismo II. Nessun cane può indossare la lussuosa biancheria della padrona e cavarsela senza conseguenze, per quanto appassionata possa essere la relazione. Traumi infantili o tardoadolescenziali si possono evitare con gli speciali slip in pizzo e peluche – tutti da mordicchiare.

Fetichista II. Un perro con el lujoso modelo íntimo de la dueña no se libra del castigo, por muy apasionada que sea la relación. Impida traumas infantiles con la definitiva braguita de peluche y puntilla: para morderla.

rogz

rogz

rogz

rogz

rogz

Fetch! Roll over! No! The greatest canine talent — to learn from humans — goes back to the dog's relationship with the wolf. The extremely social and hierarchically organized hunter must be ready to follow the other members of the pack. "In view of this, it would be inappropriate not to behave like humans," according to dog researcher Harry Frank.

Hol's, Bring's, Aus! Das größte Hundetalent – vom Menschen zu lernen – verweist auf seine Verwandtschaft mit dem Wolf. Der hochgradig soziale und hierarchisch organisierte Jäger musste bereit sein, anderen Rudelmitgliedern zu folgen. „Aus dieser Sicht wäre es für Hunde unpassend, sich nicht wie Menschen zu verhalten", so der Hundeforscher Harry Frank.

Va chercher, rapporte, fini ! Le plus grand talent du chien – apprendre de l'Homme – rappelle sa parenté avec le loup. Le prédateur vit dans une structure sociale très hiérarchisée et être prêt à suivre d'autres membres de la meute. « De ce point de vue, il serait bien incongru pour un chien de ne pas se comporter comme les humains », remarque le cyno-spécialiste Harry Frank.

Prendi, porta, basta! Il talento maggiore del cane, la sua capacità di apprendere dall'uomo, ne rivela la parentela con il lupo. Questo cacciatore, abituato a una perfetta organizzazione sociale e gerarchica, doveva essere pronto a seguire gli altri membri del branco. "Da questo punto di vista sarebbe inappropriato se il cane non si comportasse come l'uomo" afferma lo studioso di comportamento canino Harry Frank.

¡Busca, trae, suelta! El gran talento del perro –aprender de las personas– remite a su parentesco con el lobo. El cazador con una organización muy social y jerarquizada tenía que estar dispuesto a seguir a otros miembros de la manada. "Visto así sería impropio de los perros no comportarse como personas", dice el investigador canino Harry Frank.

Playing dogs bark differently than, for example, dogs that want to drive a stranger away from the door or are feeling lonely. What every dog lover knows has been proven in the meantime under scientific conditions — experiments which also resolved the issue of whether dogs have a fundamental vocabulary.

Spielende Hunde bellen anders als z.B. Hunde, die einen Fremden von der Tür vertreiben wollen oder sich einsam fühlen. Was jeder Hundefreund weiß, wurde inzwischen unter wissenschaftlichen Bedingungen bewiesen. Womit auch geklärt wäre, daß der Hund über einen wesentlichen Wortschatz verfügt.

Un chien qui joue n'a pas le même aboiement que celui qui veut éloigner un inconnu derrière la porte ou qui se sent seul. Tous les amis des chiens le savent. Cette vérité est attestée scientifiquement. Comme l'est aussi le fait que le chien possède un vocabulaire élargi.

I cani che giocano abbaiano in modo diverso dai cani che vogliono scacciare un estraneo dalla soglia di casa o da quelli che soffrono di solitudine. Sono cose risapute dai cinofili, ma ora confermate da prove svolte con criteri scientifici. Il che fra l'altro dimostra come i cani dispongano di un vocabolario essenziale.

Cuando los perros juegan, ladran de otro modo que cuando quieren alejar a un extraño o se sienten solos. Lo que todo amigo de los perros sabe, ha sido demostrado entre tanto científicamente. Lo que también explicaría el que los perros dispongan de un vocabulario esencial.

DOGUE

Architecture

Doghouses | Unica

Hundehäuser | Unikate

Niches de chiens | Objets uniques

Cucce per cani | Pezzi unici

Casetas | Piezas únicas

Marie Antoinette's lapdogs were able to ingest the cake from their mistress's table in a *niche a chien*. Her dog-crazy majesty would certainly have loved to have set up this magnificent ruby-red tent in Versailles.

Schon Marie Antoinettes Schoßhündchen konnten die Kuchenreste vom Tisch der Herrin in einer „Niche a chien" verdauen. Das prächtige rubinrote Zelt hätte Ihre hundenärrische Majestät sicher auch gern in Versailles aufgestellt.

Déjà de leur temps, les bichons de Marie-Antoinette pouvaient grignoter dans une niche les restes de gâteaux de leur maîtresse. Sa Majesté folle des chiens aurait certainement aimé dresser cette tente d'un splendide rouge rubis à Versailles.

Già il cagnolino di Maria Antonietta possedeva una "niche a chien" dove digerire in pace i resti della tavola della padrona. Sua Maestà, amante dei cani, avrebbe sicuramente gradito montare la lussuosa tenda color rosso rubino anche a Versailles.

Los perros falderos de Maria Antonieta ya podían digerir los restos de pastel de la mesa de su dueña en un "Niche a chien". Sin duda, la soberana entusiasta de los perros hubiera colocado también en Versalles la magnífica tienda de campaña con baldaquín rojo rubí.

Dream house in miniature. Should the dog live better than we do? Actually, according to designer Ralph Caplan, doghouses are not at all designed for dogs but are rather a projection of our own yearnings.

Traumhaus en Miniature. Soll der Hund etwa schöner wohnen als wir selbst? Eigentlich sind Hundehäuser gar nicht für Hunde konzipiert – so der Designer Ralph Caplan – sondern vielmehr eine Projektion unserer eigenen Sehnsüchte.

Maison de rêve en miniature. Le chien devrait-il avoir un plus bel habitat que nous ? À vrai dire, les niches ne sont pas conçues pour les chiens – prétend le designer Ralph Caplan – elles sont plutôt la projection de nos propres désirs.

La casa dei sogni in miniatura. Possibile che il cane viva in una casa più lussuosa della nostra? In effetti le cucce per cani non sono concepite per i cani, quanto piuttosto, come afferma il designer Ralph Caplan, per offrire uno spazio di proiezione dei nostri desideri.

Ensueño en miniatura. ¿Ha de vivir el perro mejor que nosotros mismos? Según el diseñador Ralph Caplan, las casetas no se conciben para los perros, sino para proyectar nuestros propios anhelos.

Doghouses | Unica

Does a dog need its own house? In principle, no! Your dog will sleep somewhere else anyway: in bed, on a pillow, under the table, on the door-mat — wherever. And a dog doesn't cook, work or read in its Home, Sweet Home, either. To build a dog a doghouse is about as superfluous as to buy a dog a snazzy little hat or to cut up its bone into bit-size pieces. We're not just talking here about what's sensible and what's nonsensical.The American author and design-guru Ralph Caplan hit the nail on the head in a catalog for a doghouse exhibit at the Cooper-Hewitt National Design Museum in New York. "Doghouses are not so much designed for dogs as for the owners of dogs." Fred Albert, author of the doghouse compendium "Barkitecture" (Abbeville Press), writes further, " We project our own desires on our dogs and one of those desires is to live in a really cool house."

How true. Almost every one of us dreams of a really cool house — a French chateau or a Palladian villa, a modern penthouse or an African straw hut — and yet most of us of necessity make do with a minimum-care duplex. And to compensate, we place a luxury bungalow *en miniature* in the yard.

Things used to be different. Queen Marie Antoinette already lived in a French chateau and built her dogs a *niche à chien* of bent wood with a detachable roof, upholstered with turquoise-colored silk and decorated with copper nails. Indeed, in the 18th century, under the auspices of the aristocracy and the clergy, a sophisticated doghouse culture developed that manifested itself in scale models of the owners' residences, in Greek temples and in other fashion dalliances of the time. From Versailles to Washington, the doghouse became a status symbol and an image-building "must" for the first families. President Lyndon B. Johnson, for example, had his Beagle housed befitting his status as First Dog: with heating, a floodlight and an opening for petting.

Because of the general absence of technical and functional constraints, doghouse designers can let their fantasy entirely off the lease. And even famous architects are not above going to the dogs creatively: Frank Lloyd Wright, for example, who designed a legendary triangular dog house in the 1950s or the interior designer Robert Couturier with his "country pup tent" for his Shih Tzus.

Let us indulge ourselves and take a look at our dream house in mini format. Whether Fido and Co. would really want to live in such an edifice is another question.

Hundehäuser | Unikate

Braucht ein Hund ein eigenes Haus? Im Prinzip: Nein. Er schläft sowieso woanders – im Bett, auf seinem Kissen, unter dem Tisch, auf der Fußmatte – wo auch immer. Und Kochen, Arbeiten oder Lesen tut er in seinem trauten Heim auch nicht. Einem Hund ein Haus zu bauen ist ähnlich überflüssig wie ihm ein flottes Hütchen zu kaufen oder den Knochen klein zu schneiden. Aber um Sinn oder Unsinn geht es hier nicht. Der amerikanische Schriftsteller und Design-Guru Ralph Caplan brachte es im Katalog zu einer Hundehaus-Ausstellung im New Yorker Cooper-Hewitt National Design Museum auf den Punkt: „Hundehäuser werden nicht für Hunde entworfen, sondern für ihre Besitzer." Fred Albert, Verfasser des Hundehaus-Kompendiums „Barkitecture" (Abbeville Press) schreibt weiter: „Wir projizieren unsere eigenen Wünsche auf unseren Hund, und einer dieser Wünsche ist, in einem wirklich coolen Haus zu leben."

Stimmt: Fast jeder von uns träumt von einem wirklich coolen Haus – von einem französischen Schloss oder einer Palladio Villa, einem modernen Penthouse oder einer afrikanischen Strohhütte – und doch begnügen wir uns meistens notgedrungen mit einer pflegeleichten Doppelhaushälfte. Und stellen stattdessen einen Luxusbungalow en miniature in den Vorgarten.

Früher war das anders. Königin Marie Antoinette wohnte bereits in einem französischen Schloss und baute ihren Hunden trotzdem die „niche à chien" aus gebogenem Holz mit abnehmbarem Dach, gepolstert mit türkisfarbener Seide und verziert mit Kupfernägeln. Überhaupt entwickelte sich im 18. Jahrhundert im Auftrag von Aristokratie und Geistlichkeit eine hohe Hundehauskultur, die sich in maßstabsgerechten Verkleinerungen des eigenen Wohnsitzes, in griechischen Tempelchen und anderen Spielereien à la mode manifestierte. Das Hundehaus wurde zum Statussymbol von Versailles bis Washington und für die first families ein imagebildendes „must". So ließ beispielsweise Präsident Lyndon B. Johnson seinen Beagle mit Heizung, Flutlicht und Streichelöffnung standesgemäß unterbringen.

Das Fehlen vieler formaler und funktionaler Zwänge erlaubt es dem Hundehaus-Designer, seine Phantasien geradewegs von der Leine zu lassen. Und auch berühmte Architekten sind sich nicht zu fein, gestaltend auf den Hund zu kommen. Z. B. Frank Lloyd Wright, der in den 50er Jahren ein legendäres dreieckiges Hundehaus entwarf oder der Interior Designer Robert Couturier mit einem „ländlichen Zelt" für seine Shih Tzus.

Gönnen wir uns also den Spaß und einen Blick auf unser Traumhaus im Kleinformat. Ob Bello & Co nun darin residieren wollen oder nicht…

The doghouse "Cornered" was specially designed for the corner of a room and consists of skid-resistant polyethylene. Dogs love a roof over their heads and love to seclude themselves without leaving the room.

Das Hundehaus „Cornered" wurde extra für die Ecke eines Raumes entworfen und besteht aus unverrutschbarem Polyethylene. Hunde lieben ein Dach über dem Kopf und ziehen sich gern zurück, ohne aus dem Zimmer zu gehen.

La niche « Cornered », spécialement créée pour le coin d'une pièce, est en polyéthylène anti-glissant. Les chiens aiment avoir un toit sur la tête et pouvoir se retirer dans leurs appartements sans sortir de la pièce.

La cuccia per cani "Cornered" è stata creata appositamente per gli angoli di uno spazio abitativo ed è realizzata in polietilene antiscivolo. I cani amano stare al coperto e isolarsi in un riparo senza dover uscire dalla stanza.

La caseta "Cornered" fue diseñada especialmente para el rincón de una habitación y es de polietileno antideslizante. A los perros les gusta tener un tejado sobre la cabeza y un lugar de retiro sin salir del cuarto.

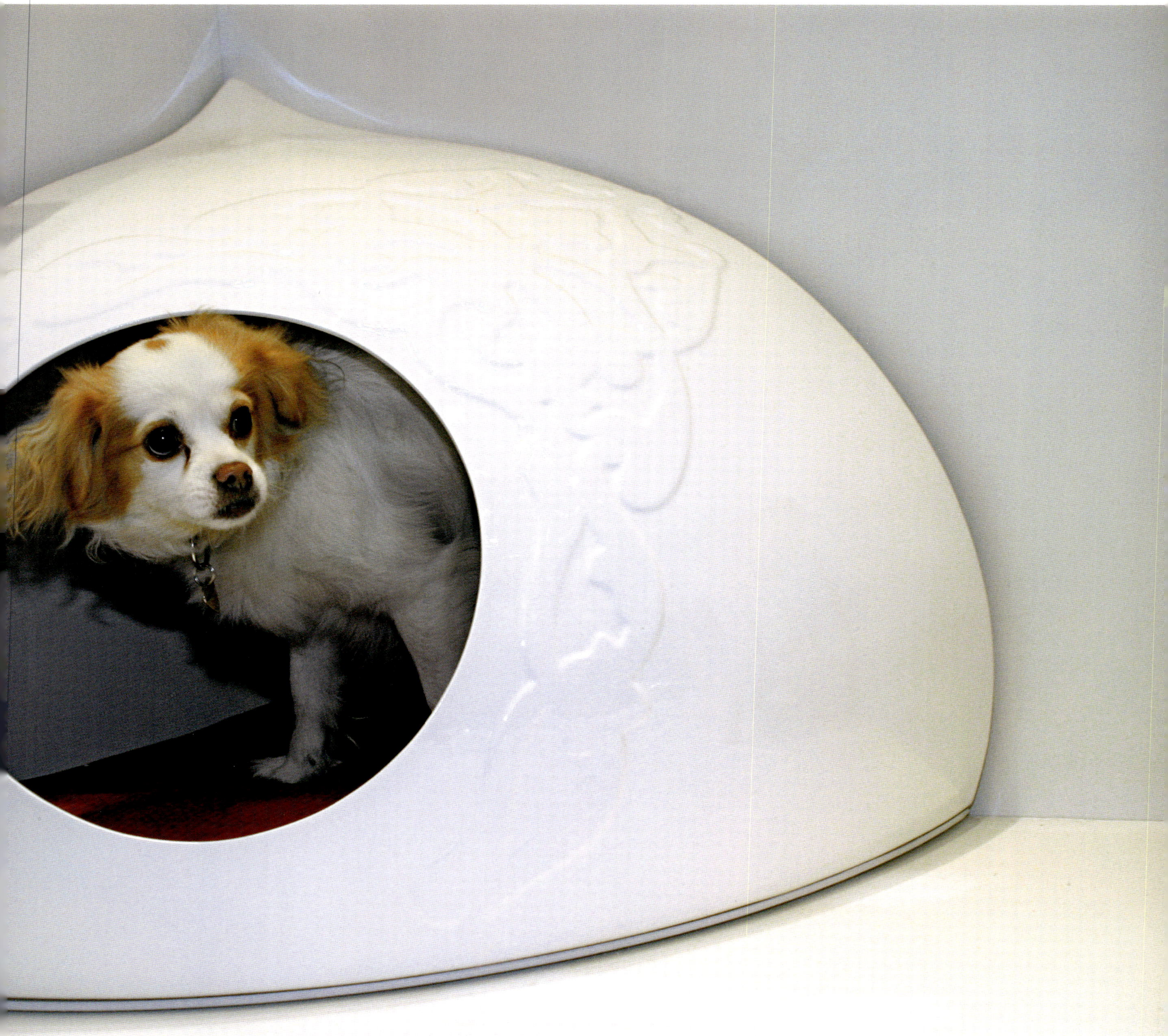

"Collar" is a masterly designed combination of dog collar and cave. The bottom can be separated from the roof by unzipping it and everything can be folded together and taken on a weekend outing.

„Collar" ist eine gekonnte gestalterische Verbindung von Halsband und Höhle. Die Basis lässt sich per Reißverschluß vom Dach trennen und alles kann zusammengefaltet mit auf den Wochenendausflug gehen.

« Collar » : combinaison aussi esthétique que judicieuse du collier et de la tanière. Le socle et le toit sont reliés par une fermeture-éclair. Pliable, donc facile à emporter en week-end.

"Collar" è la riuscita unione di collare e tana. La base si stacca dal tetto per mezzo di una cerniera, e il tutto si può piegare in poco spazio e portare con sé per le gite del fine settimana.

"Collar" es una conseguida creación que aúna el collar con la guarida. Una cremallera separa la base del tejado y todo plegado, se puede llevar de excursión el fin de semana.

Niches de chiens | Objets uniques

Un chien a-t-il besoin d'avoir son propre toit ? En principe, non. Il dormira de toute façon ailleurs – dans le lit, sur son coussin, sous la table, ou sur le paillasson. Est-ce qu'il fait la cuisine, travaille ou lit ? Rien de tout cela. Alors, à quoi bon lui construire une niche ? C'est aussi superflu que de lui acheter un bibi ou de couper ses os en petits morceaux. Entendons-nous bien, il ne s'agit pas ici de polémiquer. Dans le catalogue afférent à une exposition de niches au Musée national de design Cooper-Hewitt à New York, Ralph Caplan, écrivain américain et designer à la mode, fait cette remarque pertinente : « Les niches ne sont pas conçues pour les chiens mais pour leurs maîtres. » Fred Albert, auteur du manuel de la niche de chien intitulé « Barkitecture » (Abbeville Press), écrit de son côté : « Nous projetons sur l'animal notre désir entre autres de posséder une maison confortable. »

La réalité est là : tout être humain, ou presque, rêve d'un logis cool – genre château français, Villa Palladio, duplex moderne ou hutte africaine. Et de quoi nous contentons-nous ? Le plus souvent, par la force des choses, d'une maison jumelée, facile à entretenir. Avec, pour compenser la frustration, un luxueux bungalow miniature dans le jardin côté façade.

Jadis, il en allait autrement. Alors qu'elle habite un palais, la reine Marie-Antoinette fait construire pour ses chiens une niche en bois arrondi, surmontée d'un toit amovible, habillée de soie turquoise à l'intérieur, et ornée de clous en cuivre. Au XVIIIe siècle, sous l'influence de l'aristocratie et du clergé, commence à se développer une haute culture de la niche qui trouve son expression à travers la reproduction exacte, en format réduit, de l'habitation des maîtres, de temples grecs et autres sottises. De Versailles à Washington, la niche devient le symbole du rang social et un « must » pour les plus grands de ce monde. C'est à la fonction de son maître, par exemple, que le beagle du président Lyndon B. Johnson devra le privilège de loger dans une niche chauffée, éclairée et dotée d'une ouverture par laquelle on passait la main pour le caresser.

En l'absence de contraintes formelles et fonctionnelles, les designers peuvent laisser libre cours à leur imagination débridée. Concevoir des niches n'a rien d'humiliant pour certains grands architectes. Celle de forme triangulaire, réalisée dans les années 1950 par Frank Lloyd Wright, est devenue aussi légendaire que la « tente champêtre » imaginée par l'architecte d'intérieur Robert Couturier pour ses shih tzu.

Faisons-nous donc plaisir en jetant un œil sur notre mini habitation de rêve. Peu importe que Bambou, Opium et les autres aient envie de l'habiter…

Cucce per cani | Pezzi unici

Una casa solo per il cane? In realtà non è necessaria. Il cane dorme comunque altrove: sul letto, sul suo cuscino, sotto il tavolo, sullo zerbino, o da qualche altra parte. E non gli serve una "casa dolce casa" per cucinare, lavorare o leggere. Costruire una casetta per il cane è altrettanto essenziale che acquistargli un cappellino civettuolo o spezzettargli l'osso. Ma la ragionevolezza non c'entra nulla. Come ha sagacemente notato Ralph Caplan, scrittore e guru del design americano, nel catalogo della mostra di cucce per cani tenutasi al Cooper-Hewitt National Design Museum di New York, "le cucce per cani non vengono progettate per i cani ma per i loro padroni." Fred Albert, autore della monografia su case per "Barkitecture" (Abbeville Press) scrive anche: "Siamo noi a proiettare i nostri desideri sul nostro animale, e uno di questi desideri è quello di abitare in una casa chic."

È innegabile: quasi tutti sognano un'abitazione davvero prestigiosa, un castello in Francia, una villa del Palladio, un attico moderno o una capanna di paglia in Africa. Ci si deve però accontentare, volenti o nolenti, della pratica villetta a schiera, salvo poi piazzare in giardino una lussuosa villa in miniatura.

Ma non è sempre stato così. La regina Maria Antonietta abitava già in un castello in Francia, ma fece lo stesso costruire una "niche à chien" per i suoi cani, in legno curvato e tetto asportabile, imbottita di seta turchese e impreziosita da chiodi di rame. È proprio nel XVIII secolo che su impulso dell'aristocrazia e del clero si sviluppa una vera cultura della cuccia per cani, che si manifesta in miniature in scala della propria residenza, tempietti greci e altri divertissement alla moda. Da Versailles a Washington, la cuccia del cane diviene uno status symbol e un vero "must" per le *first families*. Il presidente Lyndon Johnson ad esempio alloggiava i suoi Beagle in una cuccia provvista di riscaldamento, illuminazione e apertura per le carezze, come si addiceva al loro rango.

L'assenza dei numerosi vincoli formali e funzionali lascia libera la fantasia del designer di cucce. E anche famosi architetti non trovano nulla di disdicevole nel rivolgersi al pubblico canino, come Frank Lloyd Wright, che negli anni cinquanta progettò una leggendaria cuccia triangolare, o il designer di interni Robert Couturier con una "tenda di campagna" per i suoi Shih-tzu.

Divertiamoci quindi senza rimorsi ad ammirare la casa dei nostri sogni in formato tascabile. Che Fido & Co ci vogliano davvero abitare oppure no ...

Panoramic view and privacy. The medium-sized dog-of-the-house, like the Jack Russel, Dachshund, Pug & Co, feel especially at home in this structure.

Panoramablick und Privacy. Mittelgroße Hausherren wie Jack Russel, Dackel, Mops & Co fühlen sich in diesem Bau besonders wohl.

Vue panoramique et intimité. Des occupants de taille moyenne comme Jack Russel Terrier, Teckel ou Carlin et Cie s'y sentent très à l'aise.

Vista panoramica e privacy. I padroni di casa di taglia media, come Jack Russel, Bassotti, Carlini & Co si sentono particolarmente a proprio agio.

Vista panorámica y privacidad. Los dueños de tamaño mediano como jack russel, perros salchicha, carlinos y cia. se sienten especialmente a gusto en esta construcción.

"Woodydog" is what the architect Peter Straßl calls his romantic shack, developed from the "dog's close-to-nature point of view." The charming pen crouches as if it were a small animal and the earthy, heat-and-cold-insulating oak, pine or larch bark make it seem alive.

„Woodydog" nennt der Architekt Peter Straßl seine romantische Hütte, entwickelt aus der „naturnahen Sicht des Hundes". Der charmante Koben duckt sich, als sei er selbst ein kleines Tier und wirkt lebendig durch urige, wärme- und kältedämmende Rindenbretter von Eiche, Föhre oder Lärche.

« Woodydog », s'appelle cette cabane romantique pour « le chien ami de la nature », créée par l'architecte Peter Straßl. De par sa forme, le charmant réduit fait penser à un petit animal. Son revêtement en écorce naturelle de chêne ou de mélèze pour une isothermie optimale le rend quasi vivant.

L'architetto Peter Straßl chiama "Woodydog" la sua romantica baita, concepita secondo la visuale del cane, vicina alla natura. Il romantico rifugio sembra rannicchiato come un piccolo animale e pare un essere vivente con la sua tradizionale copertura isolante e calda di scorza di quercia, pino o larice.

"Woodydog", así llama el arquitecto Peter Straßl a su romántica cabaña, diseñada desde "el punto de vista natural del perro". El encantador cobijo se encorva como si él mismo fuera un animalillo. Las primitivas tablas de corteza de roble, pino o alerce, que aíslan del frío y el calor, le dan vivacidad.

Casetas | Piezas únicas

¿Necesita un perro una casa propia? En principio: No. A fin de cuentas duerme en cualquier sitio –en la cama, en su cojín, bajo la mesa, sobre la alfombra– donde sea. Tampoco cocina, trabaja o lee en su confortable hogar. Construir una casa a un perro es algo tan superfluo como comprarle un gracioso sombrerito o partirle el hueso a trocitos. Pero no se trata de tener o no sentido. El escritor americano y guru del diseño Ralph Caplan lo explicaba así en el catálogo de una exposición de casetas de perro celebrada en el Cooper-Hewitt National Design Museum de Nueva York: "Las casetas de perro no se diseñan para los perros, sino para sus dueños." Y Fred Albert, autor del compendio sobre casetas titulado "Barkitecture" (Abbeville Press) va más allá escribiendo: "Proyectamos en nuestro perro nuestros propios deseos y uno de ellos es el de vivir en una casa realmente estilosa."

Y es verdad: prácticamente, todos y cada uno de nosotros sueña con una casa realmente estilosa –con un castillo francés o una villa de Paladio, un moderno dúplex o una choza de paja africana– y sin embargo, la mayoría de nosotros se conforma por necesidad con un adosado fácil de mantener. Y a cambio, coloca en el jardín delantero un bungaló de lujo en miniatura.

Antiguamente, las cosas eran diferentes. La reina María Antonieta vivía personalmente en un castillo francés e hizo construir para sus perros la "niche à chien" de madera curvada con tejado desmontable, tapizada con seda de color turquesa y adornada con clavos de cobre. Especialmente en el siglo XVIII y por encargo de la aristocracia y el clero, se desarrolló una amplia cultura en torno a la caseta del perro, que se manifestó en forma de miniaturas a escala del propio domicilio, de templetes griegos y otro tipo de divertimentos a la moda. De Versalles a Washington, la caseta del perro se convirtió en un símbolo de clase y en elemento imprescindible para la imagen de las *first families*. Así, por ejemplo, el presidente Lyndon B. Johnson albergaba a su beagle de acuerdo a su clase con calefacción, alumbrado por reflectores y una apertura especial para acariciarlo.

La ausencia de muchos requisitos tanto formales como funcionales, permite al diseñador de casetas de perro, dar "correa" suelta a su imaginación. Y hay arquitectos famosos que tampoco tienen remilgos a la hora de diseñar para el perro. Por ejemplo, Frank Lloyd Wright, quien en la década de 1950 proyectó una legendaria caseta triangular, o el interiorista Robert Couturier con una "tienda de campaña campestre" para sus shih tzus.

Permitámonos por tanto la diversión y demos un vistazo a nuestra casa de ensueño en miniatura. Tanto si Tobi y compañía quieren vivir o no en ella …

The imaginative suggestions that architects and designers have proposed for a harmonious residential community range from castles to UFOs, and from beach cabanas to camping trailers.

Vom Schloss bis zum Ufo, vom Badezelt bis zum Campingwagen reicht die fantasievolle Palette, die Architekten und Designer für eine harmonische Wohngemeinschaft vorschlagen.

Du château à l'OVNI, de la tente de plage à la caravane : architectes et designers offrent une large gamme de solutions imaginatives pour une cohabitation harmonieuse.

Dal castello all'ufo, dalla tenda per le abluzioni alla roulotte, le proposte di architetti e designer per un'armoniosa convivenza sono davvero innumerevoli e piene di fantasia.

Desde un castillo a un platillo volante y de caseta de baño a caravana de camping, todo cabe en la gama llena de fantasía que diseñadores y arquitectos proponen para una convivencia armónica.

The amorphous structure "dog.suite" was designed to suit the architecture of a Mecinaian Penthouse and is tailor-made for the needs of the commissioning dog of the "Xoloitzquintle" family.

Das amorphe Gebilde „dog.suite" wurde passend zur Architektur eines mexikanischen Penthouses und maßgeschneidert auf die Bedürfnisse des auftraggebenden Hundes aus der Familie „Xoloitzquintle" gestaltet.

Le designer a adapté sa création flexible « dog.suite » à l'architecture d'un appentis mexicain et respecté les besoins de son client originaire de la famille des « xoloitzquintle ».

La struttura amorfa "dog.suite" è stata progettata appositamente per l'architettura di un lussuoso appartamento messicano e realizzata su misura per le esigenze del committente, il cane della famiglia "Xoloitzquintle".

La amorfa creación "dog.suite" fue concebida de acuerdo con la arquitectura de una *penthouse* mexicana y decorada a la medida de las necesidades de su propietario, el perro de la familia "Xoloitzquintle".

Disney World. Those who feel like having a contrast to everyday reason and logic simply have to place a small, megalomaniacal fairytale castle in their garden.

Disney World. Wer Lust auf einen Kontrast zur alltäglichen Vernunft und Logik hat, stellt sich einfach ein kleines, größenwahnsinniges Märchenschloss in den Garten.

Disney world. Pour échapper au côté cartésien de la vie quotidienne : un petit château de mégalomane à installer dans le jardin.

Disney World. Chi desidera un contrasto forte rispetto alla logica e alla ragione della vita quotidiana può semplicemente mettere in giardino un piccolo ma megalomane castello delle fate.

Disney World. Quien busque el contrapunto a la razón y la lógica cotidianas, no tiene más que colocar en el jardín un megalómano castillito de cuento.

Whoever — like the architect Randolf Hergenhan — lives with a lot of dogs "between the seas" in northern Germany knows what dogs want when it rains horizontally and a gale is blowing.

Wer – wie der Architekt Randolf Hergenhan – mit vielen Hunden „zwischen den Meeren" in Norddeutschland lebt, weiß, was Hunde wünschen, wenn es waagerecht regnet und stürmt.

Quand on habite, comme l'architecte Randolf Hergenhan, « entre les mers » dans le Nord de l'Allemagne avec beaucoup de chiens, on sait ce dont ils ont besoin par averses à l'horizontale et tempêtes.

Chi vive con molti cani "fra due mari" nella Germania settentrionale, come l'architetto Randolf Hergenhan, sa bene cosa si auguri un cane durante una tempesta di vento e pioggia.

Quien –como el arquitecto Randolf Hergenhan– vive con muchos perros „entre mares", en el norte de Alemania, sabe qué es lo que quieren los canes cuando llueve y hay tempestad.

The corners of the shack can be taken apart for cleaning by pulling out the floor, and the front, middle and back walls. The side walls and roof remain standing. A rubber joint runs all around sealing the structure.

Zum Reinigen lösen sich alle Ecken der Hütte auf indem Boden, Front-, Mittel- und Rückwand herausgezogen werden. Stehen bleiben die Seitenwände und das Dach. Eine umlaufende Gummidichtung schließt die Konstruktion ab.

Une cabane facile à nettoyer grâce à ses parois amovibles. Après démontage du sol, de la façade, de la cloison centrale et de la partie arrière, il ne reste plus que les côtés et le toit. Un joint en caoutchouc relie le tout.

Il pavimento e le pareti anteriori, mediane e posteriori della cuccia sono rimovibili per eliminare tutti gli angoli e facilitare la pulizia. Restano solo tetto e pareti laterali. Una guarnizione di gomma tutt'intorno sigilla la costruzione.

Para limpiar se sueltan todas las esquinas de la caseta sacando el suelo y la pared frontal, la central y la trasera. Quedan en pie el techo y las paredes laterales. Una junta de goma cierra todo el contorno de la construcción.

An anteroom serves as a porch and observation post. The design won first prize in the architecture competition "h.und haus."

Ein Vorraum dient als Windfang und Beobachtungsposten. Der Entwurf war erster Preisträger beim Architekturwettbewerb „h.und haus".

Une pièce en avancée sert d'auvent et de poste d'observation. Premier prix du concours d'architecture « h.und haus » (ch. et maison).

Lo spazio anteriore protegge dagli agenti atmosferici ed è un ottimo punto di osservazione. Il progetto ha vinto il primo premio del concorso di architettura "h.und haus".

Una antesala sirve de paraviento y puesto de observación. El diseño consiguió el primer premio en el certamen de arquitectura "h.und haus".

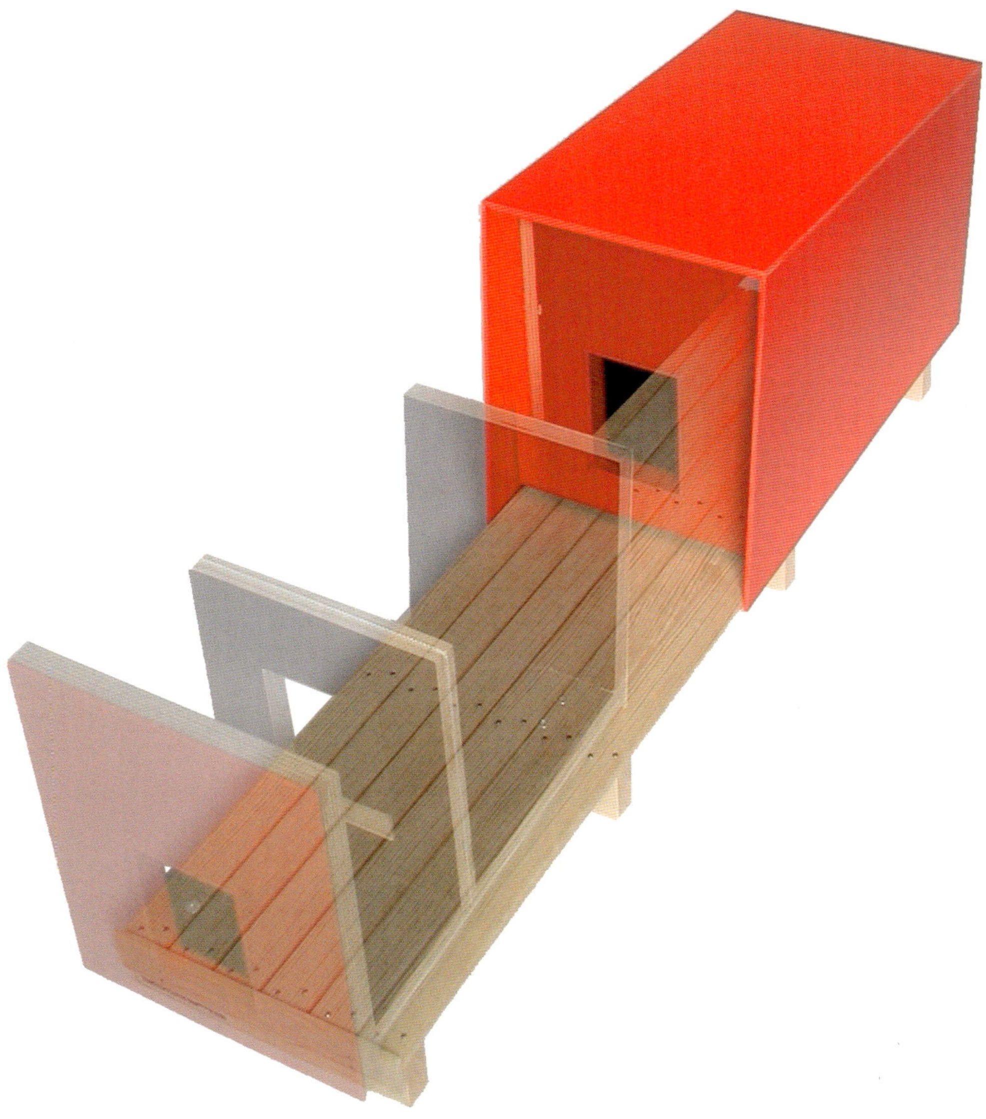

690104 Modell M 1:5

Fashion

Collections | Jewelry

Kollektionen | Schmuck

Collections | Bijoux

Collezioni | Gioielli

Colecciones | Joyas

"I'll be yours in times of old bones and promise to always share my squeaky toys. I will bark at cats and always defend you against the postman ..." The wedding now dogs exchange at Harrods.

„Ich bleibe bei dir, wenn es nur alte Knochen gibt und schwöre, mein Spielzeug mit dir zu teilen. Ich werde Katzen anbellen und dich gegen den Postboten verteidigen", das geloben sich Hunde, die sich bei Harrods das Ja-Wort geben.

« Je reste avec toi, même s'il n'y a plus que de vieux os, et je jure de te prêter mon jouet. J'aboierai pour chasser les chats et te défendre contre le facteur ». Tel est le serment échangé par les chiens qui se marient chez Harrods.

"Rimarrò con te anche in tempi di vecchi ossi. Prometto di dividere con te i miei giocattoli, di abbaiare ai gatti e di difenderti dal postino", recita la promessa matrimoniale quando i cani si scambiano gli anelli da Harrods.

"Estaré a tu lado aunque sólo haya huesos viejos y juro compartir siempre mi juguete contigo. Ladraré a los gatos y te defenderé del cartero". Juramento nupcial de los perros se casan en Harrods.

Collections | Jewelry

Today, in the spirit of "Anything is Possible" — the famous London department store Harrods has even gift-wrapped helicopters — the possibilities of the preposterous have gone to the heads of the canine upper-class. After its sensationally successful "Pet a Porter Harrods Fashion Show" for dogs in the fall of 2006 with *haute couture* models and tailor-made suits, Harrods now even organizes weddings for the doggy high society. Included in the "Puppy Love Package" for £ 2,500 are designer outfits for the bride and groom, a ceremony with the vow of fidelity, the exchange of dog collars, a wedding cake suitable for dogs, and a honeymoon for the newlyweds in the exclusive "Paw Seasons Dog Hotel" in Bristol, England.

For such occasions, elegant, masculine wristbands with a chain to the neck are considered the latest thing for the fashion-conscious hound. And, for his favorite pooch, collars with sparkling gems and loops of pearls are a fashion must. It-jewelry for him and her: enamel stars, pirate themes and, naturally, decorative pendants of solid gold and silver with personal data engraved, just in case the young couple get lost.

Big names like Vivienne Westwood, Christian Dior, Gucci, Emilio Pucci, and Inès de la Fressange decorate the labels of mini mink jackets and tiny cashmere sweaters with four "armholes." Anyone who doesn't exactly know what's what can confidently visit a dog boutique. Camouflage, for example, is a trendy motif, regardless whether you want to hide your dog in the bushes or make a fashion statement. Kimonos are not only a hit in — surprise! — Japan, but are also the trademark of "Hannari," the largest chain of dog boutiques in Asia. Its founder, Yoko Ito, had a turnover of more than 7.6 billion yen (ca. 64 million dollars) in 2005 — and is building stores in Russia, Canada and the USA. "Fashion is a possibility for owners to interact with their dogs," says Ito, "... and we see how much fun both have with it."

From a dog's point of view of course, enthusiasm for lion costumes, baseball outfits and rubber boots with spikes may well have its limits, but in fact dog clothing is completely justified. Thin-coated breeds suffer from heat allergies and sunburn in the summer; many breeds with little underfur or subcutaneous fat are cold sensitive, and even the tough guys need a functioning insulation when minus temperatures reach double digits. Those who are loath to put their dog in an old, self-knitted sweater will reach appreciatively into the treasure chest of choice canine trousseaus. For "first timers" — virginal dog owners, so to speak — experts recommend the "Weather beeta" raincoat as a thoroughly sound and practical solution.

A doggone comedy. Dressing up and playing with a new identity is an age-old custom among humans. What do dogs think of it? They probably marvel at the attention of total strangers of their own kind and amiably wag their tails about it.

Tierische Komödie. Sich zu verkleiden und mit neuen Identitäten zu spielen ist ein uralter zwischenmenschlicher Brauch. Was Hunde davon halten? Sie wundern sich wahrscheinlich über die Aufmersamkeit wildfremder Artgenossen. Und wedeln dazu freundlich mit dem Schwanz.

Comédie animale. Se déguiser et jouer différents rôles est une coutume ancestrale des humains. Qu'en pensent les chiens ? Ils s'étonnent probablement de l'attention que leur portent des congénères inconnus et remuent aimablement la queue.

Commedia – animale. Il travestirsi e il giocare con nuove identità sono abitudini millenarie dei rapporti interpersonali. Che ne pensano i cani? Probabilmente si meravigliano dell'attenzione suscitata in altri colleghi perfettamente sconosciuti. E agitano amichevolmente la coda.

Canina comedia. Disfrazarse y asumir nuevas identidades es una antiquísima costumbre entre los humanos. ¿Qué piensan de ello los perros? Seguramente se asombran de la atención que despiertan en congéneres desconocidos y mueven amigablemente la cola.

Because it's functional, the classic raincoat is the ideal entrance model for those with little interest in dog fashions. After all, even the most passionate water hound and expert duck-fetcher hates the rain.

Der klassische Regenmantel ist das ideale – weil funktionelle – Einstiegsmodell für Hundemode-Muffel. Denn sogar der passionierteste Wasserhund und routinierteste Entenapporteur hasst Nässe von oben.

L'imperméable classique : fonctionnel, donc idéal pour les rétifs à la mode canine. Car même le plus passionné des chiens nageurs et le plus routinier des rapporteurs de canards détestent l'eau qui vient d'en haut.

Il classico impermeabile, modello base ideale per la sua funzionalità per chi non apprezza la moda per cani. Perché anche i cani amanti dell'acqua e più appassionati esemplari da riporto per le anatre odiano l'acqua che cade dall'alto.

Por su funcionalidad, el impermeable es el modelo ideal para que se inicien los escépticos en moda canina. Pues hasta el perro de agua más apasionado y con más experiencia en aportar patos odia la lluvia.

Kollektionen | Schmuck

Unter dem Motto „Anything is Possible" – werden im berühmten Londoner Kaufhaus „Harrods" schon mal Helikopter in Geschenkpapier eingewickelt – heute verdreht die Möglichkeit des Unmöglichen der upper dog-class den Kopf. Nach der sensationell erfolgreichen „pet à porter" Hundemodenschau im Herbst 2006 mit Haute Couture Modellen und Maßanzügen richtet Harrods nun auch die Hochzeit der feinen Hundegesellschaft aus. Im 2500 Pfund teuren „Puppy Love Package" sind Designer-Outfits für Braut und Bräutigam, die Zeremonie mit Treueschwur und Halsbandtausch, ein hundefreundlicher Hochzeitskuchen und der Honeymoon für die Neuvermählten im exklusiven „Paw Seasons Dog Hotel" in Bristol inklusive.

Elegante, maskuline Armbänder mit einer Kette zum Hals gelten dabei als letzter Schrei für den modebewussten Rüden und für seine Favoritin sind Halsketten mit Perlenschlaufen und funkelnden Edelsteinen angesagt. It-Schmuck für sie und ihn: emaillierte Sterne, Piratenmotive und natürlich dekorative Anhänger aus massivem Gold und Silber mit eingravierten persönlichen Daten, falls das junge Paar die Orientierung verliert.

Große Namen wie Vivienne Westwood, Christian Dior, Gucci, Emilio Pucci oder Inès de la Fressange zieren die Labels winziger Nerzjäckchen oder kleiner Cashmerepullover mit vier Schlupflöchern. Wer also nicht genau weiß, wo's lang geht, kann getrost eine Hundeboutique konsultieren. Camouflage ist z.B. ein Trend-Thema – egal, ob man seinen Hund im Busch verstecken oder ein Fashion-Statement abgeben möchte. Kimonos sind – wen wundert es – in Japan der Knüller und das Markenzeichen der größten Hundeboutiquekette Asiens „Hannari". Ihre Gründerin Yoko Ito setzte 2005 über 7,6 Milliarden Yen (ca. 64 Millionen Dollar) um – Filialen in Russland, Kanada und Amerika sind im Aufbau. „Mode ist eine Möglichkeit, mit dem Hund zu interagieren", sagt Ito, „... und wir sehen, wie viel Spaß beide daran haben".

Mag sich der Spaß an Löwenkostümen, Baseballoutfits oder Gummistiefelchen mit Spikes aus Hundesicht in Grenzen halten – Hundekleidung hat durchaus ihre Berechtigung. Dünnfellige leiden im Sommer unter Hitzeallergien oder Sonnenbrand, viele Rassen ohne Unterwolle und Fettschicht frieren leicht, und sogar harte Kerle brauchen bei zweistelligen Minusgraden eine funktionierende Isolierung. Wer ihnen nicht einen selbst gestrickten ollen Pulli überziehen will, greift also genüsslich in die Schatztruhe mit feinster Hunde-Aussteuer. Für die „first timers" – sozusagen die Jungfrauchen – empfiehlt der Experte übrigens den Regenmantel „Weather beeta", einfach praktisch und reell.

Collections | Bijoux

Fervent adepte du « Anything is Possible », le célèbre magasin londonien Harrods est capable d'envelopper un hélicoptère dans du papier-cadeau. Ce « rien-n'est-impossible » semble griser également l'élite propriétaire d'un chien. Le fantastique succès du défilé de mode du « pet-à-porter » (« pet » = animal de compagnie) canin à l'automne 2006 – de la haute couture et du sur-mesure à l'état pur – a incité Harrods à traiter le thème du mariage dans l'élite canine. Pour 2 500 livres sterling, son « Puppy Love Package » comprend deux élégantes toilettes pour les mariés, la cérémonie avec engagement conjugal et échange de colliers, une pièce montée spéciale chiens et un voyage de noce dans le luxueux « Paw Seasons Dog Hotel » à Bristol.

Dernier cri pour les mâles : d'élégants bracelets virils et chaînes assorties. Et pour leur favorite : des tours de cou avec passants en perles et pierres précieuses. Comble du luxe pour les deux : des étoiles en émaux, des motifs de pirates et, cela va de soi, de superbes pendentifs en or ou en argent massif, avec, gravé, l'état civil du jeune couple au cas où il se perdrait.

De grands couturiers, comme Vivienne Westwood, Christian Dior, Gucci, Emilio Pucci ou Inès de la Fressange, créent des vestes en vison ou de petits pull-overs en cachemire avec quatre trous pour les pattes. En matière de mode, on peut s'en remettre les yeux fermés aux boutiques pour chiens. Un thème très tendance : le camouflage, aussi bien pour cacher son ami dans un buisson que pour afficher son opinion. Au Japon, le kimono est un produit phare – qui s'en étonnerait ? – et « Hannari », la plus grande chaîne d'habillement canin de toute l'Asie, en a fait son label de qualité. Le chiffre d'affaires 2005 de Yoko Ito, sa fondatrice, s'est élevé à plus de 7,6 milliards de yens (soit environ 64 millions de dollars), et on voit des filiales s'ouvrir en Russie, au Canada, aux Etats-Unis. Selon Ito, « la mode favorise la fusion interactive entre le chien et son maître, à la plus grande joie de l'un comme de l'autre. »

Certes, les costumes de lion, tenues de base-ball et autres bottes en caoutchouc à crampons ne sont pas toujours portés avec enthousiasme. Qui douterait pourtant de la légitimité de l'habillement canin face à la réalité : les spécimens au poil court souffrent d'allergies dues à la chaleur ou de coups de soleil en été ; de nombreuses races, dépourvues de duvet protecteur et de couche adipeuse, grelottent en hiver et même les gros durs réclament leur polaire par moins 10°C. Au vieux pull tricoté main, des maîtres préfèrent choisir l'article adéquat dans un trousseau de luxe. Pour les jeunes vierges, les spécialistes recommandent le « Weather beeta », un imperméable pratique et de qualité.

Who says half pints don't like winter sports? As the saying goes, "there's no bad weather, only bad clothing," so all you need on the slopes is just the right wardrobe.

Wer behauptet, dass Winzlinge etwas gegen Wintersport haben? Unter dem Motto „schlechtes Wetter gibt es nicht, nur die falsche Kleidung" brauchen sie auf der Piste einfach nur die richtige Garderobe.

Qui prétend que les mini spécimens n'aiment pas les sports d'hiver? Une tenue adéquate pour dévaler les pistes confirme la sagesse populaire « Il n'y a pas de mauvais temps, il n'y a que des vêtements inadaptés ».

C'è ancora chi pensa che i piccolissimi non amino gli sport invernali? All'insegna del detto "non esiste brutto tempo ma solo abbigliamento inadeguato" i nostri amici richiedono solo il guardaroba adatto per le piste.

¿Quién ha dicho que los más pequeños odian los deportes de invierno? Según el lema „ no existe el mal tiempo sino la ropa inadecuada", lo único que necesitan en las pistas es el guardarropa correcto.

Dog-couture and luxury accessories with labels like Gucci, Hermès and Dior have long since become an important economic factor. According to BBC News, the market has grown by 30 % in the last six years.

Längst sind Hunde-Couture und Luxus-Accessoires mit Labels wie Gucci, Hermès oder Dior zu einem wichtigen wirtschaftlichen Faktor geworden. Laut BBC News wuchs der Markt in den letzten sechs Jahren um 30 %.

La haute couture canine et les accessoires de luxe portant des griffes telles que Gucci, Hermès ou Dior, constituent depuis longtemps un important facteur économique. Selon BBC News, le marché a progressé de 30 % en six ans.

L'alta moda e gli accessori di lusso per cani, con marchi quali Gucci, Hermès o Dior sono da lungo tempo un importante fattore economico. Secondo BBC news il mercato è cresciuto del 30 % negli ultimi sei anni.

Hace tiempo que la alta costura canina y los accesorios de lujo con marcas como Gucci, Hermès o Dior se han convertido en un importante factor económico. Según BBC News, en los últimos seis años el mercado creció cerca de un 30 %.

Collezioni | Gioielli

Sotto l'egida del motto "Anything is Possible" da Harrods, il celebre grande magazzino londinese, è già accaduto di impacchettare un elicottero in carta da regalo; oggi le infinite possibilità dell'impossibile fanno girare la testa *all'upper dog-class*. Dopo il successo sensazionale della sfilata di moda canina "pet à porter", tenutasi nell'autunno 2006 con modelli *haute couture* e abiti da uomo su misura, Harrods si dedica ora anche all'organizzazione dei matrimoni per i quattro zampe eleganti. Il pacchetto "Puppy Love Package" comprende, al costo di 2 500 sterline, abiti di design per gli sposi, cerimonia con giuramento di fedeltà e scambio dei collari, torta di nozze per cani e luna di miele per i neosposi nell'esclusivo "Paw Seasons Dog Hotel" di Bristol.

Per i maschi alla moda l'ultimo strillo sono gli eleganti, virili bracciali legati con una catena al collo, mentre per la favorita vanno per la maggiore collane con fili di perle e pietre luccicanti. I gioielli più chic per lui e lei: stelle smaltate, motivi pirateschi e naturalmente ciondoli decorativi in argento e oro massiccio con incisi i dati personali, nel caso la giovane coppia dovesse perdere l'orientamento.

Sulle etichette di minuscole giacche di visone o pulloverini di cachemire a quattro buchi si leggono grandi nomi, come Vivienne Westwood, Christian Dior, Gucci, Emilio Pucci o Inès de la Fressange. Chi non è al corrente delle ultime tendenze può quindi rivolgersi con la coscienza tranquilla a una boutique per cani. Il mimetico per esempio è un filone di grande attualità, sia per chi vuole nascondere il cane fra i cespugli, sia per chi invece cerca un *fashion statement*. I kimono sono ricercatissimi in Giappone – il che non stupisce – e rappresentano il marchio di fabbrica della maggiore catena di boutique per cani dell'Asia, "Hannari". La fondatrice, Yoko Ito, nel 2005 ha fatturato oltre 7,6 miliardi di yen (circa 64 milioni di dollari), e nuove filiali in Russia, Canada e Stati Uniti sono in fase di costruzione. "La moda è una delle possibilità di interazione con il cane", dice Ito, "... e a noi appare evidente che è una fonte di divertimento per entrambe le parti".

I cani stessi non sono entusiasti di costumi da leone, completi da baseball o stivaletti di gomma con ramponi, ma l'abbigliamento canino ha la sua ragion d'essere. I cani a pelo corto e rado sono soggetti a eritemi solari e scottature nella stagione estiva, molte razze senza sottopelo e strato adiposo soffrono il freddo, e persino i più duri hanno bisogno di uno strato isolante quando le temperature scendono ampiamente sotto lo zero. Chi non vuole ricorrere al vecchio maglione fatto a mano apre il baule del più prezioso corredo canino. E per i neofiti l'esperto consiglia l'impermeabile "Weather beeta", di una praticità imbattibile.

Colecciones | Joyas

Bajo el lema "Anything is Possible" –en los famosos almacenes "Harrods" de Londres ya se envolvió una vez un helicóptero con papel de regalo– la posibilidad de lograr lo imposible es lo que hace perder la cabeza al *upper dog-class*. Tras el éxito sensacional del desfile de moda canina "pet à porter" celebrado en otoño de 2006 con modelos de alta costura y trajes a medida, Harrods organiza ahora la boda de la buena sociedad perruna. Por 2500 libras, el "Puppy Love Package" incluye modelos de diseño para la novia y el novio, la ceremonia con juramento de fidelidad e intercambio de collares, una tarta nupcial apropiadas para los canes y una luna de miel para los recién casados en el exclusivo "Paw Seasons Dog Hotel" de Bristol.

Elegantes y masculinas pulseras con una cadena al cuello se consideran el último grito para los machos a la moda, mientras su favorita lleva collares con lazos de perlas y relucientes piedras preciosas. Joyería-It para ella y para él: estrellas esmaltadas, motivos piratas y por supuesto, decorativos colgantes de oro y plata macizos con los datos personales gravados, por si la joven pareja pierde la orientación.

Grandes nombres como Vivienne Westwood, Christian Dior, Gucci, Emilio Pucci o Inès de la Fressange adornan las etiquetas de diminutas chaquetitas de visón o de pequeños jerseys de cachemir con cuatro agujeros. Quien no sepa exactamente qué es lo que se lleva, puede preguntar tranquilamente en una *boutique* canina. Por ejemplo el camuflage es un tema de moda –da lo mismo si uno quiere esconder a su perro entre el matorral, o si desea expresar una *fashion-statement*. Los quimonos son la bomba –quién lo hubiera pensado– en Japón, y la marca distintiva de "Hannari", la mayor cadena de *boutiques* caninas de Asia. Su fundadora, Yoko Ito, tuvo en 2005 un volumen de negocios de más de 7,6 mil millones de yens (64 millones de dólares aproximadamente) –actualmente se están abriendo filiales en Rusia, Canadá y Estados Unidos. "La moda es una posibilidad de interactuar con el perro", dice Ito, "… y ya vemos cuánto les divierte a los dos."

Aunque el gusto del perro por los disfraces de león, los equipos de baseball o las botitas de goma con clavos en la suela se mantenga dentro de unos límites, la vestimenta canina tiene también su explicación. Los de pelaje fino padecen en verano alergias e incluso quemaduras solares, muchas razas sin subcapa, ni capa de grasa pasan frío enseguida e incluso los chicos fuertes necesitan en caso de temperaturas de dos cifras bajo cero un aislamiento que funcione. Quien no quiera ponerles el anticuado jersey tejido por uno mismo, echa mano con gusto al cofre del tesoro con el más fino ajuar canino. Por lo demás, para "first timers" –digamos, novatos– el experto aconseja el impermeable "Weather beeta", simplemente práctico y efectivo.

The collier de chien with diamonds and golden appliqués is not the thing for tramps — if needs be, there is also a matching leash to keep the valuable bejeweled pooch at heel.

Nichts für Streuner ist das „Collier de Chien“ mit Brillanten und Goldapplikationen – zur Not gibt es auch die passende Leine, um den kostbar Geschmückten bei Fuß zu halten.

Ce collier à incrustations d'or et de diamants n'est pas conçu pour les vagabonds. En cas de besoin : la laisse correspondante permet de retenir près de soi l'animal somptueusement paré.

Un "collier de chien" non certo per randagi, con brillanti e applicazioni d'oro. All'occorrenza non manca il guinzaglio coordinato, per tenere al passo il prezioso compagno ingioiellato.

El "Collier de Chien" con brillantes y aplicaciones de oro no es para trotamundos. En caso necesario, existe también la correa a juego para mantener cerca al portador del valioso adorno.

"Lollipop and Alpenrock (Alpine skirts)" — the label of the Munich queen of Bavarian fashions, Lola Paltinger, says it all. The sweet, lively originals awaken in humans and dogs cheerful feelings of home.

„Lollipop und Alpenrock" – das Label der Münchner Trachtenqueen Lola Paltinger ist Programm. Die süßen, beschwingten Unikate wecken in Mensch und Hund fröhliche Heimatgefühle.

« Lollipop und Alpenrock » : collection et label de la reine bavaroise du costume régional Lola Paltinger. Ses espiègles et charmants modèles uniques suscitent chez l'humain et le chien un doux sentiment patriotique.

"Lollipop und Alpenrock" è la linea della disegnatrice di Monaco Lola Paltinger, nota per le ispirazioni tirolesi. I pezzi unici vivaci e originali risvegliano in uomo e cane da sensazioni nostalgiche da tempo sopite.

"Lollipop und Alpenrock"– la marca de Lola Paltinger, reina muniquesa del traje tirolés, es una declaración de principios. Los tiernos y divertidos modelos únicos despiertan alegres sentimientos patrios en personas y perros.

Walt Disney had already made the point in "101 Dalmatians" that many dog owners look like their dogs. This symbiosis can be taken to the extreme in colorfully checkered partner look.

Dass viele Hundehalter ihren besten Freunden ähnlich sehen, hat schon Walt Disney in „101 Dalmatiner" auf den Punkt gebracht. Auf die Spitze getrieben wird die Symbiose im buntkarierten Partnerlook.

Comme le montrait déjà Walt Disney dans ses « 101 Dalmatiens », de nombreux propriétaires de chiens ressemblent à leur compagnon. Le partnerlook à carreaux illustre cette symbiose poussée à l'extrême.

Già Walt Disney nella "Carica dei 101" aveva mostrato come spesso padroni e cani finiscano con l'assomigliarsi. Una simbiosi condotta all'estremo con il look coordinato a quadri colorati.

Walt Disney dejó claro en "101 Dálmatas" que muchos dueños de perros se parecen a su mejor amigo. Simbiosis llevada al paroxismo con un colorista conjunto de cuadros a juego.

The portable umbrella was invented for the hydrophobic. "America's Cup Dogs" feel safe maneuvering between the upper deck and the master's bedroom in life-jackets. Main thing is nobody unwillingly takes a swim!

Für Wasserscheue wurde der tragbare Regenschirm erfunden; „America's Cup Dogs" fühlen sich beim Manövrieren zwischen Oberdeck und Master's Bedroom in einer attraktiven Schwimmweste sicher. Hauptsache, keiner geht unfreiwillig baden.

Pour ceux qui n'aiment pas l'eau : le parapluie-laisse. Un séduisant gilet de sauvetage procure un sentiment de sécurité aux participants à « l'America's Cup Dogs » lors des manœuvres entre le pont supérieur et la chambre du Maître. L'essentiel est que personne ne se baigne contre son gré.

Per i cani poco amanti dell'acqua è stato concepito un ombrello portatile; gli "America's Cup dogs" si sentono più sicuri indossando un elegante giubbotto di salvataggio mentre manovrano fra ponte superiore e cabina del padrone. L'importante è evitare bagni involontari.

Para los que no gustan del agua se inventó el paraguas portable. En la "America's Cup" los perros se sienten seguros maniobrando entre la cubierta superior y el camarote del capitán con un atractivo chaleco salvavidas. Ante todo que nadie se dé un baño involuntario.

Not only cute little mini-dogs want to be fashionably up to date. Outfits for tough guys are at least as trendy. The rap star DMX (civilian name: Earl Simmons) just launched a sporty, urban line called "Boomer 129." Target group: Hip-Hop dogs belonging to 11-to-35-year-old young men.

Nicht nur niedliche Mini-Hündchen wollen modisch up to date sein. Outfits für harte Kerle sind mindestens ebenso trendy. So lancierte Rapstar DMX (bürgerlich Earl Simmons) gerade eine sportliche, urbane Linie namens „Boomer 129". Zielgruppe: Hip-Hop dogs von 11 bis 35-jährigen jungen Männern.

Les mini chiens ne sont pas les seuls à vouloir suivre la mode. L'habillement pour gros durs est au moins aussi tendance. Ainsi, la star du rock DMX (pseudonyme de Earl Simmons) vient de lancer la collection de ville sport « Boomer 129 ». Sa cible : les chiens hip-hop de jeunes maîtres âgés de 11 à 35 ans.

Il desiderio di essere alla moda non è esclusivo appannaggio di cagnolini taglia mignon. Altrettanto trendy sono i completi per i veri duri; il cantante rap DMX (vero nome Earl Simmons) ha appena lanciato una linea sportiva dalle ispirazioni urbane con il nome "Boomer 129", destinata a cani hip-hop con padroni nella fascia di età dagli 11 ai 35.

No sólo los tiernos mini perritos quieren ir a la moda. Los conjuntos para chicos duros no son menos actuales. Así la estrella rap DMX (nombre civil Earl Simmons) acaba de lanzar "Boomer 129" una línea deportiva y urbana. Destinatarios: perros hip-hop de hombres jóvenes de 11 a 35 años.

The photographer Ulla Bergob discovers and produces amazing similarities. (Veteran and Bulldog)

Die Fotografin Ulla Bergob entdeckt und inszeniert verblüffende Gemeinsamkeiten. (Veteran und Bulldogge)

La photographe Ulla Bergob découvre et met en scène de surprenants points communs. (Véteran et bouledogue)

La fotografa Ulla Bergob scopre e inscena stupefacenti somiglianze. (Veterano e Bulldog)

La fotógrafa Ulla Bergob descubre y pone en escena similitudes asombrosas. (Veterano y bulldog)

Weatherproof. Even though no dog wants to go outside in miserable weather, nonetheless they all have to go and they all come back—but the longer the fur, the more soaking wet they are. Therefore smart dog lovers spare silk sofas and carpets by being prepared with adequate outdoor attire in the trendy camouflage, country, or trench coat looks.

Wetterfest. Auch wenn bei dem Sau-Wetter kein Hund vor die Tür will – raus muss jeder und wiederkommen tun sie alle: je länger das Fell, desto pitschnasser. Kluge Hundefreunde schonen Seidensofa und Teppichboden deshalb, indem sie mit adäquater Outdoorkleidung in den Trendlooks Camouflage, Country oder Trenchcoat vorsorgen.

Imperméable. Il faut sortir même par temps de chien. Et qui dit sortir, dit rentrer : plus son poil est long, plus l'animal est trempé. Les plus malins des amis des chiens protègent leur canapé en soie et leur moquette en achetant à leurs amis des vêtements d'extérieur adéquats versions camouflage, country ou trench-coat.

Make the most out of your character. Traditionalists consider "pug with loden hat" the ultimate in lord-of-the-manor style, dog *fashionistas* prefer stylish fur parkas in partner look.

Machen Sie das Beste aus Ihrem Typ. Traditionalisten sehen im „Mops mit Lodenhut" das Non-plus-Ultra nach Gutsherrenart, dog-fashionistas bevorzugen schnittige Pelz-Parkas im Partnerlook.

À chacun son style ! Pour un conservateur, le « carlin à chapeau en loden » est le nec plus ultra du propriétaire terrien. Les « branchés » préfèrent la parka chic en fourrure pour le maître et son chien.

Mettere nella luce migliore le proprie qualità. I tradizionalisti considerano il "Carlino con cappello di feltro" il non plus ultra per il genere proprietario terriero, le dog-fashionistas preferiscono look coordinato con un attuale parka di pelliccia.

Saque partido a su tipo. Los más tradicionales encuentran en „Mops mit Lodenhut" el non-plus-Ultra para caballeros, dog-fashionistas prefieren dinámicas parkas de piel a juego.

Sfida agli elementi. Anche se nessun cane vorrebbe uscire quando il tempo è brutto, tutti devono farlo, e tutti devono poi rientrare: quanto più lungo è il pelo, tanto più fradicio il cane. Gli astuti padroni salvaguardano il divano rivestito di seta e la moquette fornendo il loro amico di abbigliamento outdoor negli attuali look mimetico, country o trenchcoat.

A prueba de intemperie. Aunque nadie quiera salir con un tiempo de perros todos han de hacerlo y luego vuelven. Cuanto más largo es el pelo más se moja. Por eso los dueños listos protegen el bonito sofá de seda y la alfombra poniendo al perro la ropa exterior adecuada en los estilos de moda: camuflaje, country o trinchera.

Collier de chien. Sundays blue, Mondays multi-colored, and Tuesdays brilliant white for *après ski* in Sankt Moritz? Different gem-cabouchons can be set in the hand-wrought chain collar.

„Collier de Chien". Sonntags blau, Montags bunt und Dienstags brillantweiß zum Apres Ski in Sankt Moritz? In das handgeschmiedete Kettenhalsband lassen sich verschiedene Edelstein-Cabouchons einlegen.

Collier de chien. Bleu le dimanche, de couleur le lundi et blanc scintillant le mardi. Pour l'après-ski à Saint-Maurice ? Le collier fait main peut être serti de cabochons de pierres fines.

"Collier de chien". Blu la domenica, colorato il lunedì, bianco lucente il martedì per l'après-ski a Saint Moritz? Il collare a catena fatto a mano permette di incastonare pietre dure a taglio cabochon.

"Collier de Chien". Para el après-ski en Saint Moritz ¿azul el domingo, multicolor el lunes y blanco brillante el martes? En el collar hecho a mano se pueden engarzar diferentes cabujones de piedras preciosas.

Turquoise

Rhodonite

Amethyst

Hematite

Amber

Chrysoprase

2006 was literally the Year of the Dog in Asia. Since then more dogs are living in Japan than children under 12: statisticians talk of 12.5 million dogs. And they all want to be spoiled — preferably with silk kimonos and little tulle dresses. It's perfectly clear, dogs are more elegant than humans.

2006 war in Asien buchstäblich das Jahr des Hundes: in Japan leben seitdem mehr Hunde als Kinder unter 12 Jahren, Statistiker sprechen von 12,5 Millionen. Sie alle wollen verwöhnt werden – am liebsten mit Seidenkimono und Tüllkleidchen. Ganz klar: Hunde sind die eleganteren Menschen.

2006 a été l'année du chien en Asie : le Japon compterait aujourd'hui plus de chiens que d'enfants de moins de 12 ans, 12,5 millions selon les statistiques. Tous veulent être gâtés, de préférence avec des kimonos en soie et des jupettes en tulle. Les chiens ne sont-ils pas des humains avec l'élégance en sus ?

Il 2006 è stato in Asia l'anno del Cane. Da allora in Giappone vivono più cani che bambini sotto i 12 anni; le statistiche parlano di 12,5 milioni. E tutti vogliono essere coccolati e viziati, possibilmente con kimono in seta e abitino di tulle. Perché si sa: il cane è come l'uomo, solo più elegante.

2006 fue para los asiáticos el año del perro en sentido literal: desde entonces viven en Japón más perros que niños menores de 12 años. Las estadísticas hablan de 12,5 millones. Todos quieren ser mimados –a ser posible con quimono de seda y vestidito de tul. Está claro. Los perros son la gente más elegante.

Hammered in silver, the perceived propinquity between dog and god is manifested for eternity.

Die gefühlte Nähe zwischen dog und god manifestiert sich für die Ewigkeit in Silber gehämmert.

L'attirance surnaturelle pour le chien est gravée pour l'éternité sur de l'argent.

La vicinanza fra *dog* e *god* resa manifesta per l'eternità in argento battuto.

La sensación de proximidad entre *dog* y *god* expresada para la eternidad en plata labrada.

The black pirate flag, the Jolly Roger, means "no prisoners taken." It can only be hoped that the wearer of the skull and crossbones won't follow the fashion trend with murderous deeds.

Die schwarze Piratenflagge „Jolly Rogers" bedeutet, daß „keine Gefangenen" gemacht werden. Bleibt zu hoffen, dass der Träger des Totenkopf-Tags dem modischen Trend keine mörderischen Taten folgen lässt.

Le pavillon de pirates « Jolly Rogers » signifie qu'« il ne sera pas fait de prisonniers ». Reste à espérer que le porteur de la tête de mort ne causera pas d'actes assassins suite à la tendance mode.

La bandiera nera dei pirati, "Jolly Rogers", significa che non si fanno prigionieri. Non resta che sperare che l'esemplare che indossa l'emblema non faccia seguire atti sanguinosi al suo statement modaiolo.

La negra bandera pirata de "Jolly Rogers" significa que "no se han hecho prisioneros". Es de esperar que el portador de la chapa con la calavera no prosiga la tendencia de moda con ningún acto criminal.

Happy owners introduce themselves to new acquaintances with the sparkling pendant and don't get lost in the big city jungle. In Japan, where the exchange of meishis—business cards—plays a big role, dogs can get suitably fitted out at every corner.

Mit funkelnden Schmuckanhängern stellt sich der glückliche Besitzer neuen Bekannten vor und geht im Großstadtdschungel nicht verloren. In Japan, wo der Austausch von „Meishis" – Visitenkarten – eine große Rolle spielt, können Hunde sich an jeder Ecke entsprechend ausrüsten lassen.

C'est ainsi paré que l'heureux porteur de pendentifs scintillants se présente à de nouvelles connaissances. Un moyen également de ne pas se perdre dans la jungle urbaine. Au Japon, où l'échange de « meishis » (cartes de visite) joue un grand rôle, les chiens peuvent en commander à tous les coins de rue.

Il fortunato proprietario si presenta alle nuove conoscenze con preziosi ciondoli gioiello, e non si perde nella giungla cittadina. In Giappone, paese dove lo scambio dei biglietti da visita ha un'importanza fondamentale, anche i cani possono acquistare l'indispensabile accessorio a ogni angolo di strada.

El feliz propietario se presenta ante nuevas amistades con refulgentes colgantes y no se pierde en la jungla de la gran ciudad. En Japón, donde el intercambio de „meishis" –tarjetas de visita– resulta fundamental, los perros pueden equiparse como es debido en cada esquina.

The pretty Thai lady dog is pleased with the paste gem dog collar for 2,500 Baht (ca. $77). For every dog personality there is a matching piece of jewelry for which, if need be, one has to dig deep into one's pocket.

Die hübsche thailändische Hundedame freut sich über das Strasshalsband für 2 500 Baht (ca. 58 Euro). Für jede Hundepersönlichkeit gibt es das passende Schmuckstück, für das man unter Umständen tief in die Tasche greifen muss.

La jolie Thaïlandaise est ravie de ce collier en strass d'une valeur de 2 500 bahts (env. 58 euros). Il existe le bijou idéal pour chaque personnalité canine. Certains peuvent même être très onéreux.

La graziosa cagnolina tailandese è felice del collare di strass da 2 500 Baht (circa 58 Euro). Ogni cane ha il gioiello adatto alla sua personalità, per il quale il padrone dovrà forse aprire bene il portafoglio.

La bella perra tailandesa disfruta con el collar de pedrería por 2 500 bath (unos 58 euros). Para cada personalidad canina existe la joya adecuada, por la que en ciertas circunstancias hay que pagar elevadas sumas.

Interiors

Baskets | Furniture | Fabrics

Körbchen | Möbel | Stoffe

Corbeilles | Meubles | Tissus

Ceste | Mobili | Stoffe

Cestas | Muebles | Tejidos

Hunting dogs have been carved in stone, glazed in porcelain and immortalized on curtains since time immemorial: an omnipresent homage to the vital companion and faithful friend.

Jagdhunde werden seit Urzeiten in Stein gemeisselt, zu Porzellan gebrannt oder auf Vorhängen verwewigt. Eine omnipräsente Hommage an den lebenswichtigen Begleiter und treuen Freund.

Depuis la nuit des temps, on trouve des chiens de chasse sculptés dans la pierre, en porcelaine ou immortalisés sur des rideaux. Un hommage omniprésent au fidèle compagnon et ami d'une importance vitale.

Da sempre i cani da caccia vengono scolpiti nella pietra, modellati in porcellana o immortalati in tendaggi. Un omaggio onnipresente all'importante compagno di caccia e fedele amico.

Desde la Antigüedad la imagen del perro de caza se ha esculpido en piedra, cocido en porcelana o perpetuado en cortinas. Un homenaje omnipresente al compañero vital y fiel amigo.

Baskets | Furniture | Fabrics

Up until the end of the Dog Design Stone Age — that is until about 1980 AD — there wasn't much to see in canine abodes besides rattan baskets and filthy quilts. For a lack of alternatives, these intensively lived-in specimens, most often long since reduced to their component parts during the tender puppy years, spoiled the looks of many a stylish home as they entered into mistaken competition with Bauhaus furniture, fine antiques and designer carpets. Naturally, the issue of dog vs. aesthetic harmony never seriously arose. Nevertheless, the discerning housewife looked upon the glaring breach of style with more than a little concern, and whenever guests arrived, the master of the house would duly deposit the chewed-up bed in front of the cellar door, despite pleading doggy eyes.

Tempi passati. The dog's designated spot in the house has taken on form, has even become a cult object and is not found absent in any aesthetically discriminating multi-species community.

The seductive variety of four-poster dog beds, futuristic dog lairs and designer dog furniture warms the cockles of the heart of even the coldest-nosed dog snob. Many an individual has suddenly fallen in love with a sofa, decorated with leopard skin pillows, for example, only to discover at second glance that a dog bowl was placed next to it or a dog leash was draped over the armrest.

To acquire a dog just because of a fashionable piece of furniture is naturally completely incorrect and will raise the ire of every responsible cynologist. At one time or another, however, some former lonely soul has probably secretly taken home just such a small, unique article. And shortly thereafter, the suitable living article was lying next to it. Sometimes, the basis of a happy future together is just a matter of having the right bed ...

While decorating an interior, real aficionados think far beyond a few isolated pieces of dog furniture. A deep-pile carpet is, on the whole, much more comfortable for tender paws and everyone knows how damaging to the knee joints a leap from the height of a tall chair is. The same holds true for steep flights of stairs, but then our little loyal-hearts would rather be carried up them in master's arms anyway. The total ambiance should convey tolerance and a love of animals to the dog. Foot mats, shower curtains, pillowcases, and tablecloths should all be completely covered with that irresistible design element, the dog, because although the living specimen couldn't care less if its species is the main feature of the wallpaper pattern, even the dumbest dog knows that there is a direct relationship between the quality and quantity of the petting it receives and the styling of the home.

Sleeping in the proper English manner. Welsh Corgis have been living it up in the English royal household since Queen Victoria's time. Where and how they sleep is naturally top secret. We assume that the strict queen allowed them a similarly flowery spot to call their own.

Schlafen auf die feine englische Art. Im englischen Königshaus leben seit Queen Victorias Zeiten Welsh Corgies in Saus und Braus. Wo und wie sie geschlafen haben, ist natürlich top secret. Wir gehen aber davon aus, daß die strenge Königin ihnen einen ähnlich geblümten Lieblingsplatz gegönnt hat.

Style anglais raffiné pour les sommes. Dans la famille royale britannique, les Welsh corgis vivent sur un grand pied depuis la Reine Victoria. Où et comment ils dorment est évidemment top secret. Mais on peut supposer que la reine exigeante leur a aménagé un coin aussi fleuri que celui-ci.

Dormire in stile inglese. Dai tempi della regina Vittoria i Welsh Corgies della casa reale britannica vivono nel lusso. Dove e come dormissero è naturalmente un segreto gelosamente custodito; è probabile però che la severa regina avesse pensato per loro a un posticino simile a questo, con fantasia floreale.

Dormir al fino estilo inglés. Desde la época de la reina Victoria, corgies galeses viven a cuerpo de rey en la casa real inglesa. Dónde y cómo duermen es por supuesto *top secret*. Suponemos que la estricta monarca les habrá otorgado un floreado rinconcito similar a éste.

Körbchen | Möbel | Stoffe

Bis gegen Ende der Hundedesign-Steinzeit – also bis ca. 1980 n. Chr – gab es im Haus von Hundeleuten außer aus Peddigrohr geflochtenen Körbchen und schmuddeligen Steppdecken wenig zu sehen. Meistens bereits im Welpenalter zerlegt, verunzierten diese intensiv bewohnten Exemplare mangels Alternative so manche schicke Wohnung und traten in abwegige Konkurrenz mit Bauhausmöbeln, feinen Antiquitäten oder Designerteppichen. Natürlich stellte sich die Frage „Hund oder Harmonie" nicht ernsthaft. Aber ein wenig bekümmert schaute die Hausfrau schon auf den brutalen Stilbruch, und der Hausherr beförderte das abgekaute Lager jedes Mal vor die Kellertür, wenn Gäste kamen. Traurige Hundeaugen hin oder her.

Tempi passati. Der ordinäre Hundeplatz hat Gestalt angenommen, ja, er ist zum Kultobjekt geworden und fehlt in keiner ästhetisch anspruchsvollen Artengemeinschaft.

Die verführerische Vielfalt von Hunde-Himmelbetten, futuristischen Höhlen und Designer-Mobiliar lässt sogar dickfellige Hundesnobs nicht kalt. Schon so mancher hat sich plötzlich in ein Sofa mit Leopardenkissen verliebt und erst beim zweiten Blick ins noble Schaufenster entdeckt, dass daneben ein Hundenapf stand oder die Leine über der Lehne hing.

Sich wegen eines schicken Möbels einen Hund anzuschaffen, ist natürlich völlig unkorrekt und bringt jeden verantwortungsvollen Kynologen auf die Palme. Es soll aber schon vorgekommen sein, dass ein ehemals Einsamer so ein kleines Unikat heimlich mit nach Hause nahm. Und kurz darauf lag das passende lebendige Modell darauf. Die Basis für eine glückliche gemeinsame Zukunft ist eben manchmal nur das richtige Bett …

Wahre Afficionados denken bei ihrer Einrichtung weit über hundefreundliche Einzelteile hinaus. Ein hochfloriger Teppich ist insgesamt angenehmer für zarte Pfoten und jeder weiß, wie schädlich ein Sprung aus hoher Sessel-Höhe für die Kniegelenke ist. Das gilt auch für steile Treppenstufen, die unsere treuherzigen Kleinen sowieso lieber auf dem Arm ihres Besitzers überwinden. Das Ambiente insgesamt sollte aus Hundesicht Toleranz und Tierliebe signalisieren: Fußmatte, Duschvorhang, Kissenbezug und Tischdecke, alles möglichst flächendeckend gestaltet mit dem unwiderstehlichen Motiv „Hund". Denn obwohl es dem lebendigen Exemplar völlig egal ist, ob seine Spezies als Tapetenmuster an der Wand klebt oder nicht, so weiß doch jeder noch so blöde Hund, dass die Streichelqualität und -quantität mit dem Styling der Wohnung in direktem Zusammenhang steht.

Corbeilles | Meubles | Tissus

Jusqu'à la fin de l'âge de pierre du design canin, vers l'an 1980 après J.-C., on ne trouvait, chez les propriétaires de chiens, guère plus qu'une corbeille en osier et une couverture crasseuse. Qui plus est, déjà passablement mordillées. Des accessoires dans un tel état d'usure avancée dépareillaient avec certains intérieurs chic, sans parler de la concurrence aberrante faite aux meubles Bauhaus, aux antiquités précieuses et aux tapis design. Non pas qu'il se soit agi de trancher « le chien ou le mobilier », mais ce genre de rupture de style chagrinait la maîtresse de maison. Le maître, quant à lui, déposait le bien triste campement à l'entrée de la cave avant de recevoir ses invités, sans se préoccuper des regards attristés du toutou.

Avec le temps, la place réservée ordinairement au chien s'est modifiée jusqu'à devenir un véritable lieu culte. Elle répond aujourd'hui aux critères esthétiques d'une communauté exigeante formée de deux espèces très différentes.

La variété fort séduisante de lits à baldaquin pour chiens, de coins futuristes et de meubles design ne laisse pas insensible le plus snobinard des maîtres. Ils sont déjà nombreux à s'être entichés d'un canapé à tissu léopard dans une vitrine de luxe, ne reconnaissant sa fonction qu'au second coup d'œil grâce à une écuelle posée à côté ou à une laisse sur le dossier.

Faire l'acquisition d'un chien à cause d'un meuble élégant friserait l'absurde – un cyno-spécialiste s'en arracherait les cheveux. Pourtant, si l'en en croit la rumeur, l'un ou l'autre célibataire ayant un jour, en catimini, rapporté un meuble précieux, s'est aussitôt mis en quête du chien assorti. Comme quoi la base d'un avenir commun heureux entre deux êtres ne tient parfois qu'à un lit…

Quand il aménage son intérieur, un maître qui se respecte fait tout pour le bonheur de son plus fidèle compagnon. Il n'ignore pas que poser ses pattes délicates sur un tapis moelleux procure une sensation extrêmement agréable, mais que sauter de l'assise d'un siège haut est néfaste aux articulations des genoux – autant qu'un escalier abrupte que les petits chéris préfèrent descendre dans les bras de leur protecteur. Du point de vue canin, l'ambiance intérieure devrait exprimer tolérance et amour des bêtes : paillasson, rideau de douche, coussins et nappe, tout cela devrait être couvert de l'irrésistible motif « à chiens ». En effet, bien que le spécimen vivant se moque éperdument que des congénères peuplent ou non le papier peint du salon, le plus stupide des chiens sait pertinemment que la qualité et la quantité des caresses reçues sont fonction du style de l'aménagement intérieur.

On 17th century toile de Jouy, man's best friend was already appearing romping about, often in the accompaniment of children or angels. Today there is wealth of high-quality fabrics with which master and mistress can show their admiration for the living paragon.

In den Toile de Jouy des 17. Jahrhunderts tauchen bereits herumtollende Vierbeiner auf, oft in Begleitung von Kindern oder Engeln. Heute gibt es eine Fülle hochwertiger Stoffe, mit denen Herrchen und Frauchen ihre Verehrung für das lebendige Vorbild zeigen können.

Sur la Toile de Jouy jaillissaient déjà au XVIIe siècle des quatre-pattes foufous, souvent en compagnie d'enfants ou d'anges. Un grand choix d'étoffes de haute qualité permet aujourd'hui aux maîtres et aux maîtresses d'exprimer leur adoration pour le modèle vivant.

Nelle toile de Jouy del XVII secolo compaiono già cagnolini che giocano, spesso in compagnia di bambini o angeli. Oggi esiste un'ampia scelta di stoffe di alta qualità con cui i padroni possono esternare la loro devozione per il modello vivente.

En las toile de Jouy del siglo XVII ya aparecían canes jugueteando, a menudo acompañados de niños o ángeles. Actualmente hay multitud de valiosos tejidos con los que dueños y dueñas pueden mostrar su adoración por el modelo vivo.

Ceste | Mobili | Stoffe

Fino al termine della fase preistorica del design canino, ovvero fino al 1980 d.C. circa, c'era poco da vedere nelle case abitate da cani, a parte forse una cesta di vimini e coperte sdrucite. Oggetti di uso intensivo, questi esemplari venivano spesso distrutti nell'infanzia del cane, e per mancanza di alternative restavano poi in appartamenti eleganti, in un assurdo accostamento a mobili del Bauhaus, a preziosi pezzi antichi o a tappeti firmati. Naturalmente il dilemma "cane o armonia di design" non si poneva veramente, ma la padrona di casa non poteva che essere turbata da questa perturbazione dell'ordine generale, e il padrone si affrettava a nascondere in cantina la cuccia tutta rosicchiata quando si annunciavano ospiti, indifferente allo sguardo supplichevole del suo cane.

Tempi passati. L'angolino del cane prende forma, è diventato persino un ambiente cult e non può mancare laddove le specie umana e canina convivano all'insegna del senso estetico.

La seducente abbondanza di baldacchini per cani, tane futuristiche e arredamento di design non può lasciare indifferente neppure il cuore del cinofilo snob più smaliziato. È già successo che qualcuno, passando davanti a una lussuosa vetrina, si sia innamorato perdutamente di un divano con cuscini leopardati; salvo poi accorgersi, osservando meglio la mercanzia esposta, del guinzaglio abbandonato sullo schienale o della ciotola per il cibo sul pavimento.

Scegliere di adottare un cane per un mobile di design è naturalmente un grave errore e qualsiasi cinofilo responsabile non potrebbe che scuotere il capo. Si narra però di anime solitarie che hanno portato a casa un simile pezzo unico, sul quale, dopo non molto, sonnecchiava il pendant vivo. Il letto giusto può essere davvero la base per un felice futuro a due ...

Ma i veri aficionados alle prese con l'arredamento non si limitano a singoli pezzi adatti alle esigenze canine. I tappeti a pelo lungo sono molto più confortevoli per le zampe, e tutti sanno quanto saltare giù da una poltrona troppo alta sia dannoso per le articolazioni del ginocchio. Lo stesso vale per i gradini alti e ripidi, che i nostri piccoli, fedeli amici preferiscono comunque superare in braccio al padrone. Nell'ottica canina l'intero ambiente dovrebbe trasmettere tolleranza e amore per gli animali e tutto, zerbini, tende per la doccia, fodere di cuscini e tovaglie, dovrebbe possibilmente recare un unico irresistibile motivo decorativo: il cane. Perché, se è vero che all'esemplare vivente non interessa se la sua specie è raffigurata sulla carta da parati che ricopre le pareti, qualunque cane, anche il più sprovveduto, sa che la qualità e la quantità delle coccole è in diretto rapporto con lo styling dell'abitazione.

Cestas | Muebles | Tejidos

Hasta finales de la Edad de Piedra del diseño canino –es decir, hasta 1980 d.C. aproximadamente– , en las casas de dueños de perros no había demasiado que ver con excepción de cestas de mimbre trenzado y descuidadas mantas. A falta de una alternativa mejor, estos ejemplares exhaustivamente utilizados y mordisqueados en su mayoría desde la época de cachorro, afeaban algunas elegantes viviendas y ofrecían una desleal competencia a los muebles de estilo Bauhaus, a las antigüedades finas o las alfombras de diseñador. Está claro que la disyuntiva entre "perro o armonía" no llegaba a plantearse en serio. Aunque el ama de casa no dejaba de contemplar un poco preocupada aquella brutal falta de estilo y cada vez que venía visita, el dueño de la casa empujaba el mordisqueado campamento ante la puerta del sótano. Tristes ojos de perro aquí o allá.

Tempi passati. El ordinario lugar del perro ha tomado forma, se ha convertido ya en objeto de culto y no falta en ninguna asociación de especies con exigencias estéticas.

La seductora variedad de camas con baldaquín para perros, cuevas futurísticas y mobiliario de diseño no deja indiferentes ni al *snob* canino más peludo. Más de uno ha habido ya que se ha enamorado de repente de un sofá con cojines de leopardo y sólo al mirar por segunda vez el elegante escaparate se ha dado cuenta de que había al lado un plato de perro o de que una correa colgaba del apoyabrazos.

Está claro que hacerse con un perro sólo a causa de un elegante mueble es algo totalmente incorrecto y que saca de quicio a los quinólogos responsables. Pero no sería la primera vez que un ex-solitario se llevase a casa secretamente una de esas piezas únicas y poco después yaciera encima el modelo vivo a juego. La base de un feliz futuro en común no es más que la cama correcta ...

Pero cuando piensan en su propia decoración, los auténticos aficionados van más allá de las piezas únicas apropiadas para los perros. Por lo general, una gruesa alfombra es más agradable para patas delicadas y todo el mundo sabe lo perjudicial que es para la articulación de la rodilla un salto desde lo alto de un elevado sillón. Lo mismo cabe decir de los empinados peldaños que nuestros leales pequeñines prefieren en cualquier caso sortear en brazos de sus dueños. El ambiente en general debería señalizar, desde el punto de vista canino, tolerancia y amor por los animales: felpudo, cortina de ducha, fundas de cojines y manteles, todo, a ser posible, completamente cubierto con el irresistible motivo "perro". Pues aunque al ejemplar vivo le sea totalmente igual que su especie esté o no pegada a la pared como papel pintado, hasta el más tonto sabe que la calidad y cantidad de las caricias guarda relación directa con la decoración de la casa.

More is more. The interior design should always also take the dog of the builder-owner into consideration. Black, light-absorbing breeds look especially good against brilliant colors and daring patterns; beige and brown kinds tolerate graphic understatements and clear accents.

Mehr ist mehr. Das Interior Design sollte immer auch den Hund des Bauherrn berücksichtigen. Schwarze, lichtschluckende Rassen sehen besonders gut vor leuchtenden Farben und gewagten Mustern aus, beige und braune Arten vertragen grafisches Understatement mit klaren Akzenten.

Toujours plus. Le design intérieur devrait tenir compte du chien de la maison. Les races à poils noirs, qui absorbent la lumière, ressortent à merveille sur des couleurs vives et des motifs osés. Celles à robe beige ou brune supportent les discrets motifs graphiques, rehaussés d'accents nets.

Osare si può. L'architettura di interni dovrebbe tenere in considerazione anche il cane del proprietario: razze dal mantello nero assorbono la luce e sono poste in risalto da colori vivaci e motivi vistosi, mentre per le razze dal pelo marrone o beige è più indicato uno stile di stampo grafico-minimalista con accenti chiari e netti.

Más es más. El diseño interior debería tener siempre en cuenta al perro de la casa. Las razas negras, que absorben la luz, destacan especialmente con colores brillantes y estampados atrevidos, las beige y marrones armonizan en un entorno gráfico con claros acentos.

Everything that makes life with a dog more beautiful is allowed. Moreover, ingenious and original places for the dog to sleep *en miniature* imply the fantasy, humor, and family sense of the dog owners' in question. So, show off your dog's bed: then you have your chance.

Alles, was das Leben mit einem Hund noch schöner macht, ist erlaubt. Raffinierte und originelle Ruhelager en miniature lassen zudem auf Fantasie, Humor und Familiensinn des in Frage kommenden Herrchens oder Frauchens schließen. Also, zeig mir das Bett deines Hundes … dann hast du deine Chance.

Est permis tout ce qui embellit la vie avec un chien. Les couches raffinées et originales en miniature révèlent par ailleurs l'imagination, l'humour et le sens de la famille du maître ou de la maîtresse qui entre en ligne de compte. Donc, montre-moi le lit de ton chien … et tu as toutes tes chances.

Tutto è permesso per rendere più confortevole la vita con il cane. Raffinate ceste in miniatura rivelano inoltre il carattere del futuro padrone: se ha fantasia, senso dell'umorismo, amore per la famiglia. Fammi vedere il letto del tuo cane… e ti darò una possibilità.

Está permitido todo lo que haga más hermosa la convivencia con el perro. Sofisticadas y originales zonas de descanso en miniatura dicen mucho de la fantasía, el humor y el carácter familiar del dueño o la dueña. Así pues, enséñame la cama de tu perro … y te daré una oportunidad.

Inspired by a folly—a useless, slightly insane garden object of the 18th century—the designer of today has created an extravagant place to sleep for the pugs. Alongside the decorative aspect, this design also fulfils the longing for shade and good living typical for this breed.

Inspiriert von einer Folly – einem nutzlosen, ein wenig verrückten Garten-Objekt aus dem 18. Jahrhundert, gestaltet der Designer von heute einen extravaganten Rastplatz für Möpse. Neben dem dekorativen Aspekt erfüllt dieser Entwurf auch die rassetypische Sehnsucht nach Schatten und Wohlleben.

Inspiré par une « Folie », un loufoque pavillon de jardin baroque du XVIIIe siècle, le designer contemporain crée d'extravagants coins repos pour les carlins. Outre son caractère décoratif, le projet répond également à l'ardent désir d'ombre et de bien-être caractéristique de la race.

Il designer di oggi si ispira alle follies – oggetti inutili e un po' folli, appunto, per decorare i giardini, diffusi nel XVIII secolo – per una stravagante cuccia destinata a un Carlino. Oltre all'aspetto decorativo, il progetto tiene conto della predilezione tipica della razza per ombra e comodità.

Inspirándose en una *folly*, una inservible y algo estrafalaria casa de jardín inglesa del siglo XVIII, el diseñador actual crea un extravagante lugar de descanso para carlinos. Además del aspecto decorativo, este diseño satisface el ansia de sombra y bienestar típica de la raza.

Better sleeping. Whoever has such velvety-soft bedding will voluntarily do without forbidden sofa pillows.

Besser schlafen. Wer so eine samtweiche Unterlage hat, verzichtet freiwillig auf's verbotene Sofakissen.

Mieux dormir. Avec une couche aussi douce, on renonce volontairement au canapé interdit.

Sonno di lusso. Chi può stendersi su stoffe morbide e vellutate rinuncia volentieri ai cuscini del divano.

Dormir mejor. Quien dispone de un lecho así, suave como el terciopelo, renuncia voluntariamente a los prohibidos cojines del sofá.

At the presentation of "Housepets", the textile firm Donghia invited more than a hundred architects and designers to create a dog object out of the new fabric. Unfortunately, the winning model — a garden folly by Robert Couturier — was damaged in transport. So his Shih Tzus are now tentless — but certainly not homeless.

Zur Präsentation von „Housepets" lud die Textilfirma Donghia über hundert Architekten und Designer ein, aus dem neuen Stoff ein Hunde-Objekt zu kreieren. Leider ging das Gewinnermodell – eine Garten-Folly von Robert Couturier – auf dem Transport kaputt. So sind seine Shih Tzus nun zeltlos – aber sicher nicht heimatlos.

Pour la présentation de « Housepets », le fabricant textile Donghia avait invité plus d'une centaine d'architectes et de designers à réaliser un abri pour chien à partir du nouveau tissu d'ameublement. Le 1er prix, une gloriette de Robert Couturier, s'est brisé pendant le transport. Si ses shih tzus ont dû renoncer à leur tente, ils ne se sont pas retrouvés sans foyer pour autant.

Per la presentazione di "Housepets" la Donghia, produttrice di stoffe per cani, ha invitato oltre cento architetti e designer a creare oggetti per cani partendo dai nuovi campioni di stoffa. L'oggetto vincitore – una *folly* da giardino di Robert Couturier – è stato purtroppo danneggiato durante il trasporto; gli Shi Tzu sono ora senza tenda, ma non senza casa.

Para la presentación de "Housepets" la empresa textil Donghia invitó a más de cien arquitectos y diseñadores a crear un objeto canino con el nuevo tejido. Desgraciadamente, el modelo ganador –una *folly* de jardín de Robert Couturier– se rompió durante el transporte. Sus shih tzus se quedaron pues sin carpa, aunque de ningún modo sin casa.

The stuff dreams are made of. Padded blankets are ideal to really make you feel at home. Thanks to Double-Face, at least one side is usually clean.

Der Stoff, aus dem die Träume sind. Um sich richtig breit zu machen, sind gefütterte Decken ideal. Dank Double-Face ist meistens eine Seite sauber.

L'étoffe, matière à rêves. Les couvertures fourrées sont idéales pour bien s'étaler. Grâce aux modèles réversibles, un côté reste en général toujours propre.

Una vera stoffa da sogno. Il non plus ultra in fatto di comodità sono le trapunte imbottite. Grazie alla versione *double-face* almeno un lato è sempre pulito.

El material del que están hechos los sueños. Para estirarse a gusto, las mantas forradas son ideales. Gracias a la doblefaz siempre hay al menos un lado limpio.

Small checkered plaids fit perfectly into the bucolic "picture with dogs." Ideal as portable, uncomplicated travel blanket and antimacassar, as well. Naturally, everything is washable.

Kleinkarierte Plaids passen perfekt ins ländliche „Bild mit Hunden". Ideal auch als mobile unkomplizierte Reisedecke und Sessel-Schoner. Natürlich ist alles waschbar.

Plaids à petits carreaux. Parfaits pour une vie champêtre avec des chiens, ce sont aussi de pratiques couvertures de voyage et des protections de fauteuil. Lavables, évidemment.

I plaid a scacchi armonizzano perfettamente con l'immagine del "cane di campagna". Ideali anche come funzionale coperta da viaggio e per coprire le poltrone. Naturalmente lavabili.

Las mantas de cuadritos armonizan perfectamente en la campestre "escena con perro". Ideal también como manta de viaje y protector de asientos móvil y sin complicaciones. Naturalmente, es todo lavable.

Where shall I take my nap today? Don't waste time thinking; cats and children also like to occupy the little masterpiece from the Catnap workshop in Los Angeles.

Wo mach ich denn heute mein Nickerchen? Nicht lange überlegen: Die Meisterstückchen aus der Catnap Werkstatt in Los Angeles werden auch gern von Katzen und Kindern belegt.

Où faire ma sieste aujourd'hui ? Inutile de chercher trop loin car : les petits chefs-d'œuvre de l'atelier Catnap à Los Angeles sont occupés avec le même plaisir par les chats et les enfants.

Dove schiacciare oggi il pisolino? Meglio decidere infretta. I capolavori del laboratorio Catnap di Los Angeles sono apprezzati anche da gatti e bambini.

¿Dónde duermo hoy la siesta? No hay que pensar mucho: a los gatos y a los niños también les gusta tumbarse sobre las obras maestras del taller Catnap de Los Ángeles.

Hairy subject. The accessories collection that Tom Ford designed for Gucci and his Fox Terrier John was created "through aesthetic traumatization in the face of conventional pet accessories," as he stated for the record.

Haarige Sache. Die Accessoire-Kollektion, die Tom Ford für Gucci bzw. seinen Foxterrier John entworfen hat, entstand „durch ästhetische Traumatisierung angesichts herkömmlicher Tieraccessoires" wie er zu Protokoll gab.

Une affaire délicate. La ligne d'accessoires conçue par Tom Ford pour Gucci et son fox-terrier John, est née « de la traumatisation esthétique causée par les accessoires traditionnels d'animaux », comme l'écrit le designer.

Questione di pelo. La collezione di accessori creata da Tom Ford per Gucci, o meglio per il suo Foxterrier Tom, è nata in seguito al "trauma estetico causato dagli accessori per animali di uso corrente", come viene citato il creatore di moda.

Una cuestión peliaguda. La colección de accesorios que Tom Ford ha diseñado para Gucci, o mejor dicho para su foxterrier Tom, surgió, según manifestó él mismo, a raíz "del trauma estético sufrido al ver los corrientes accesorios para animales".

"Liquid Sky". The elastic outer skin of the pillow stretches and expands in harmony with the lucky soul sitting on it — by the way, it could just as well be a human.

„Liquid Sky". Die elastische Aussenhaut des Kissens dehnt und streckt sich im Gleichklang mit dem Glücklichen, der darauf Platz nimmt – kann übrigens auch ein Mensch sein.

« Liquid Sky ». Heureux celui dont le coussin mouvant s'allonge et s'étire à son rythme ! Ce peut être aussi bien un humain.

"Liquid Sky". Il rivestimento esterno del cuscino è elastico e si allarga e allunga a seconda del fortunato che vi si siede sopra (che può essere anche il padrone).

"Liquid Sky". La elástica piel externa del cojín se estira y da de sí en consonancia con el afortunado que lo ocupa; quien, dicho sea de paso, puede ser también una persona.

For some years now, renowned creative minds have been concerned with perfect form and functionality in dog design. The result: places for dogs are today as varied as are tastes. A small wink of the eye is always included.

Seit einigen Jahren kümmern sich renommierte Kreative um formvollendetes und funktionales Hundedesign. Ergebnis: Hundeplätze sind heute so variantenreich wie Geschmäcker verschieden. Immer dabei: ein kleines Augenzwinkern.

Depuis quelques années, de grands créateurs se consacrent au design canin aussi parfait de forme que fonctionnel. Tout comme « il faut de tout pour faire un monde », on trouve une grande variété de coins repos pour chiens. Avec le petit clin d'œil en plus.

Da alcuni anni i creativi più famosi si occupano di design canino funzionale nell'uso e bello da vedere. Il risultato sono cucce per cani oggi disponibili in infinite varianti per tutti i gusti. E sempre con un tocco di ironia.

Creadores de renombre se interesan desde hace unos años por un diseño canino funcional y de formas exquisitas. Resultado: los lugares para perros son hoy tan variados como los gustos personales. Y lo que nunca falta: un pequeño guiño.

Master and Hound, freely adapted from "Bashan and I" by Thomas Mann. "The dog settles on a 20-cm-high cushioned reclining area; the man can join him on the raised seating area and treat himself to a glass of wine while he pets his four-legged friend." Thus describes the sculptor and artist Martin Wöhrl his "chaise lounge for a medium-sized dog and his master" (above right). If the dog should happen to be a real heavyweight, one can sit on the sofa's armrest to pet him.

Herr und Hund, frei nach Thomas Mann. „Der Hund findet Platz auf einer 20 cm hohen, gepolsterten Liegefläche, der Mensch kann sich auf der erhöhten Sitzfläche dazugesellen und sich ein Gläschen Wein gönnen, während er den Vierbeiner streichelt." So beschreibt der Bildhauer und Künstler Martin Wöhrl seine „Sesselliege für einen mittelgroßen Hund und dessen Herrchen" (rechts oben). Sollte der Liebling ein echtes Schwergewicht sein, kann man sich zum Streicheln einfach auf die Sofalehne setzen.

Le maître et le chien, d'après Thomas Mann : « Le chien prend place sur une assise rembourrée, à 20 cm du sol. L'homme le rejoint sur un siège plus haut et déguste un verre de vin en caressant l'animal. » C'est ainsi que le sculpteur et artiste Martin Wöhrl décrit l'intérêt de « ses sièges-canapés pour un chien de taille moyenne et son maître » (en haut à droite). Si le toutou est un vrai poids lourd, on s'assied sur le bras du meuble pour le caresser.

Cane e padrone, liberamente ispirato a Thomas Mann. "Il posto per il cane è una superficie imbottita a 20 cm di altezza. L'uomo può sedersi accanto sulla seduta più alta e gustare un bicchiere di vino mentre accarezza l'animale". Così l'artista e scultore Martin Wöhrl descrive la sua "seduta per cane di taglia media e il suo padrone" (in alto a destra). E se il beniamino fosse un peso massimo, per carezzarlo ci si può semplicemente sedere sul bracciolo.

Dueño y perro según versión libre de Thomas Mann. "El perro se acomoda sobre una tumbona tapizada de 20 cm de alto, la persona se puede sentar con él en el asiento elevado y disfrutar de una copa de vino mientras acaricia al can." Así describe el escultor y artista Martin Wöhrl su "Tumbona para un perro mediano y su dueño" (arriba a la derecha). Si el querido amigo es un autentico peso pesado, se puede uno sentar simplemente en el apoyabrazos del sofá.

Pure luxury. The favorite spot for a dog that likes to live like a king.

Luxus pur. Der Lieblingsplatz für einen Hund, der gern auf großem Fuß lebt.

Du luxe pur. L'endroit préféré d'un chien qui vit sur un grand pied.

Lusso sfrenato. Il posticino preferito per il cane che non bada a spese.

Puro lujo. El lugar favorito para un perro, al que le guste vivir a lo grande.

Bags & Cases

The Dog on the Go

Hunde auf Reisen

Les chiens en voyage

Il cane in viaggio

Perros de viaje

Open-ended on the dog luxury scale: the spectacular eye-catcher of crocodile leather for the discriminating mistress and her priceless little darling, from Ralph Lauren for $18,000.

Nach oben offen auf der Hundeluxus-Skala: spektakulärer eyecatcher aus Krokodilleder für das anspruchsvolle Frauchen und ihren unbezahlbaren Liebling von Ralph Lauren für 18 000 Dollar.

Luxe canin illimité : objet accrocheur en véritable peau de crocodile pour maîtresse exigeante et son toutou hors de prix. Une création Ralph Lauren à 18 000 dollars.

Nella scala del lusso per cani non esistono limiti. Spettacolare l'accessorio in pelle di coccodrillo per la padrona dai gusti esigenti e il suo impagabile beniamino, in vendita da Ralph Lauren a 18 000 dollari.

Sin límite superior en la escala del lujo canino: espectacular *eyecatcher* de piel de cocodrilo para dueñas exigentes y su impagable favorito. De Ralph Lauren por 18 000 dólares.

The Dog on the Go

The smaller the dog, the more mobile the owner. This simple equation is today the key to the success of many almost forgotten breeds. The American Kennel Club has recorded a 200 % increase in the number of Belgian Griffons, Yorkshire Terriers, Cavalier King Charles Spaniels, French Bulldogs, Papillons and Chihuahuas, because in these times of frequent changes of address and variable conditions tiny dogs are simply more transportable.

Endless possibilities have opened up for transporting animals in a manner befitting one's social standing. Ralph Lauren provides alligator bags for the really rich for a mere $18,000; a huge suitcase of pigskin, brass and mahogany by the designer Christian Jank can at best be lugged from A to B — that is, from airplane to Bentley — by a well-conditioned doggyguard. Smart executives stash their little colleagues in designer briefcases with a view — in short, the dog has arrived in the city. According to a survey of the "American Pet Product Manufacturers Association", dogs are welcome in more than 20 % of all offices; furthermore, 38 million Americans over 18 years of age believe that a dog's presence in the office improves productivity.

VIPs (very important pets) perambulate along the red carpets leading into cinema palaces and high-class restaurants. They stick their little noses out of Balenciaga bags and blink into the flashing cameras while carried on the arm of Paris Hilton or Mariah Carey. Yes, the dog is always taken along; it is the most sovereign status symbol since the times of Marie Antoinette. Though as a fashion accessory, the "handbag with a heartbeat" (Robin Bowden in the New York Times, December 7, 2006) belongs as a rule in the canine house of horrors, in the end the most important thing for any dog is just to be taken along.

Take me along, Captain, on the trip ... Bed in the suitcase, bowls, toys, passport, a change of leash and collar integrated in the lid. Who can be so practical in packing?

Nimm mich mit, Kapitän, auf die Reise ... Bett im Koffer, Geschirr, Spielzeug, Pass, Leine und Halsband zum Wechseln im Deckel integriert. Wer schafft es, so praktisch zu packen?

Emmène-moi, Capitaine ! L'intérieur sert de lit. Écuelle, jouet, passeport, laisse et collier de rechange sont intégrés dans le couvercle. Qui sait emballer ses affaires de manière aussi rationnelle ?

Prendimi con te, capitano, nel tuo viaggio ... Il letto nella valigia, stoviglie, giocattoli, passaporto, collare e guinzaglio per cambiarsi sono integrati nel coperchio. Nessuno sa fare la valigia meglio di me.

Capitán, llévame de viaje ... Cama en la maleta, vajilla, juguete, documentación, correa y collar de recambio integrados en la tapa. ¿Quién es capaz de hacer la maleta de modo tan práctico?

PET PASSPORT

Multifunctional transportation solutions are the order of the day. Suitcase that can be slept in, backpacks with rollers, or pooch packs, where the outfit itself is the carry bag.

Multifunktionelle Transportlösungen sind das Gebot der Stunde. Koffer, in denen geschlafen werden kann, Rucksäcke mit Rollen oder Tragebodies, bei denen das Outfit selbst die Tragetasche ist.

Les idées de transport multifonctionnelles sont très tendance. Valises servant de couchettes, sacs à dos à roulettes ou combinaisons sac de voyage et vêtement.

Fra i trend più attuali si trovano le soluzioni multifunzionali per il trasporto. Valigie in cui dormire, zaini con ruote o body-marsupio, in cui lo stesso capo d'abbigliamento funge da borsa per il trasporto.

Soluciones al transporte multifuncionales son la divisa del momento. Maletas en las que se puede dormir, mochilas con ruedas o portabodies, en las que el modelo mismo es la bolsa que lo lleva.

Hunde auf Reisen

Je kleiner der Hund, desto mobiler der Mensch. Diese einfache Gleichung ist heute der Schlüssel zum Erfolg vieler fast vergessener Rassen. So verzeichnet der amerikanische Kennelclub einen Zuwachs um bis zu 200 % bei belgischen Griffons, Yorkshireterriern, Cavalier King Charles Spaniels, französischen Bulldoggen, Papillons oder Chihuahuas, weil solche Winzlinge in Zeiten wechselnder Wohnsitze und variabler Verhältnisse einfach „tragbarer" sind.

Unendliche Möglichkeiten eröffnen sich für den standesgemäßen Tier-Transport. Ralph Lauren sieht für die richtig Reichen eine Alligator-Tasche für 18 000 Dollar vor, der massive Reisekoffer aus Schweinsleder, Messing und Mahagoni des Designers Christian Jank kann bestenfalls von einem durchtrainierten doggyguard von A nach B, sprich vom Airplane zum Bentley, geschleppt werden. Smarte Geschäftsmänner verstauen ihren kleinen Kollegen in Designer-Aktentaschen mit Aussicht – die Hunde sind in der Stadt. Laut einer Umfrage der „American Pet Product Manufacturers Association" sind Hunde in über 20 % der Büros willkommen und 38 Millionen Amerikaner über 18 Jahre glauben, dass ihre Anwesenheit im Office die Produktivität erhöht und das Betriebsklima verbessert.

VIPs (very important pets) bevölkern die roten Teppiche vor Kinopalästen und Nobelrestaurants. Sie stecken ihr Näschen aus Balenciaga Taschen und blinzeln auf dem Arm von Paris Hilton oder Mariah Carey ins Blitzlicht. Ja, der Hund ist immer dabei, er ist das souveränste Statussymbol seit Marie Antoinettes Zeiten. Als modisches Accessoire gehört die „Handtasche mit Herzschlag" (so Robin Bowden in einem Artikel der New York Times vom 7. Dezember 2006) zwar generell ins Hunde-Horrorkabinett, doch letztlich kommt es jedem Hund nur darauf an, dabei zu sein.

Les chiens en voyage

Plus le chien est petit et plus son maître est mobile. Une équation simple, la clé du succès de nombreuses races canines presque oubliées. Le « Kennel-club » américain fait état d'un accroissement de près de 200 % parmi les griffons belges, les Yorkshire terriers, les épagneuls Cavalier King Charles, les bouledogues français ou les chihuahuas, tout simplement parce que ces petits spécimens sont plus faciles à emporter lors de déménagements ou de déplacements occasionnels.

Une infinité de perspectives s'ouvre désormais au transport canin. Pour les vrais riches, Ralph Lauren a conçu un sac en peau d'alligator vendu 18 000 dollars. La valise en porc véritable, laiton et acajou, créée par le designer Christian Jank pour les doggy-guards bien entraînés, résout le problème du transport du toutou de à A à B, c'est-à-dire de l'avion à la Bentley. L'homme d'affaires élégant glisse son mini-compagnon dans un attaché-case design avec vue sur l'extérieur – celui-ci est un chien de la ville. Selon un sondage de « l'American Pet Product Manufacturers Association », les chiens sont les bienvenus dans plus de 20 % des bureaux et 38 millions d'Américains de plus de 18 ans estiment que leur présence dans un cabinet d'affaires améliore la productivité et le climat de travail.

On voit des VIPs (Ps pour « pets » = animaux de compagnie) fouler la moquette rouge des grands palaces cinématographiques ou des restaurants de luxe, pointer le museau hors d'un sac Balenciaga ou, dans les bras de Paris Hilton ou de Mariah Carey, cligner des yeux sous le bombardement des flashes. Le chien accompagne son maître partout et, depuis Marie-Antoinette, il est devenu le symbole du statut social par excellence. En tant qu'accessoire mode, la place du « sac à main avec des battements de cœur » (expression de Robin Bowden dans le New York Times du 7 décembre 2006) serait plutôt au Cabinet des horreurs. Mais pourvu qu'il soit de la partie, le chien s'en moque éperdument !

It used to be that the dog stayed home — or was packed into an ugly combination of plastic and wire. Today he always goes along, because, among other reasons, there are so many chic handbags in all imaginable styles and materials.

Früher blieb der Hund zu Hause – oder wurde in einer hässlichen Kombination aus Plastik und Draht verstaut. Heute ist er stets dabei – unter anderem, weil es so schicke Taschen in allen nur denkbaren Stilrichtungen und Materialien gibt.

Jadis, le chien restait à la maison ou bien on le casait dans une chose hideuse en plastique et fil de fer. Désormais, il est toujours de la partie, grâce à l'existence par exemple de sacs très élégants dans toutes sortes de styles et matières.

Prima il cane restava a casa, o veniva confinato in combinazioni di plastica e rete metallica, veri insulti al buon gusto. Oggi invece il cane è sempre presente, anche perché si trovano borse e trasportini di ogni stile e materiale.

Antes el perro se quedaba en casa – o se le metía en una fea combinación de plástico y alambre. Hoy va a todas partes. Entre otras cosas porque hay bolsas así de elegantes en todos los estilos y materiales imaginables.

Il cane in viaggio

Tanto più piccolo il cane, tanto più mobile il padrone. Questa semplice equazione è oggi alla base del successo di molte razze quasi dimenticate. Il club cinofilo americano ha registrato un aumento fino al 200 % per razze come il Griffon Belga, lo Yorkshire Terrier, il Cavalier King Charles Spaniel, il Bouledogue francese, il Papillon e il Chihuahua, cani minuscoli e "portatili" adatti ai tempi moderni che richiedono spesso cambi di residenza e di stile di vita.

Per chi vuole trasportare il proprio beniamino in modo adeguato al suo stato sociale si apre un mondo di infinite possibilità. Ai veri ricchi Ralph Lauren offre una borsa in pelle di alligatore al prezzo di 18 000 dollari; la robusta valigia in pelle suina, ottone e mogano del designer Christian Jank richiede un forzuto *doggyguard* per trascinarla da A a B, ovvero dal jet alla Bentley. I manager in carriera mettono i loro piccoli colleghi nella ventiquattrore firmata con vista: i cani, infatti, sono arrivati anche nelle metropoli. Secondo un sondaggio della "American Pet Product Manufacturers Association" essi sono bene accetti in oltre il 20 % degli uffici e 38 milioni di americani oltre i 18 anni sono convinti che la loro presenza sul luogo di lavoro aumenti la produttività e migliori il clima e l'atmosfera in azienda.

I VIP (very important pets) affollano i tappeti rossi davanti a cinema e ristoranti chic, spuntano con il naso da borse di Balenciaga e strizzano gli occhi alla luce dei flash in braccio a Paris Hilton o Mariah Carey. Il cane è sempre presente ed è lo status symbol più esclusivo dai tempi di Maria Antonietta. Come accessorio alla moda la "borsetta con il cuore che batte" (Robin Bowden nel New York Times, 7 dicembre 2006) è l'incubo di ogni cane che si rispetti, ma è anche vero che per ogni cane la cosa fondamentale è essere presente.

Perros de viaje

Cuanto más pequeño es un perro, más movilidad tiene la persona. En esta sencilla equivalencia reside actualmente la clave del éxito de muchas razas casi olvidadas. Por eso el Club de Criadores americano registra un aumento de casi el 200 % de grifones belgas, terriers de Yorkshire, spaniels Cavalier King Charles, bulldogs franceses, papillones y chihuahuas, porque en tiempos de cambios de residencia y relaciones variables, estos perros diminutos son sencillamente "transportables".

Infinitas son las posibilidades que se ofrecen para transportar al animal de acuerdo con su rango. Para los realmente ricos, Ralph Lauren prevé una bolsa de cocodrilo de 18 000 dólares; el macizo baúl de viaje del diseñador Christian Jank hecho de cuero de cerdo, latón y caoba puede ser empujado en el mejor de los casos de A hasta B, digamos del avión al Bentley, por un entrenado *doggyguard*. Elegantes hombres de negocios empaquetan a sus pequeños colegas en portafolios de diseño con vistas –los perros están en la ciudad. Según una encuesta de la "American Pet Product Manufacturers Association" en más del 20 % de las oficinas se admiten perros y 38 millones de americanos mayores de 18 años creen que su presencia en la oficina aumenta la productividad y mejora el ambiente de la empresa.

VIPs (very important pets) pueblan las alfombras rojas de los palacios cinematográficos y los restaurantes de lujo. Asoman sus naricillas desde bolsos de Balenciaga y parpadean ante los flashes en brazos de Paris Hilton o de Mariah Carey. Si, el perro siempre está presente, es el símbolo de clase más soberano desde los tiempos de Maria Antonieta. Como accesorio de moda, el "bolso de mano con corazón" (Robin Bowden en el New York Times de fecha 7 de diciembre de 2006) pertenece por lo general al gabinete de los horrores caninos, pero en definitiva lo único importante para todo perro es estar ahí.

"Dogs, like humans, are primarily concerned with sleeping, drinking, and eating. But in the night, the dog of the world likes to feel at home — whether in Paris, Pontresina or Vladivistock," according to designer Christian Jank. His suitcase is of polished walnut, covered with cowhide and lined with green felt.

„Hunden geht es – wie auch Menschen – primär ums Schlafen, Saufen und Fressen. Doch der Hund von Welt fühlt sich des Nachts gern wie zu Hause – ob in Paris, Pontresina oder Vladivistock", so der Designer Christian Jank. Sein Reisekoffer ist aus poliertem Nussbaum, mit Rindsleder verkleidet und mit grünem Filz ausgeschlagen.

« À l'instar des humains, dormir, boire et manger sont les besoins primaires des chiens. La nuit, le chien du monde aime aussi à se sentir comme chez lui – qu'il soit à Paris, Pontesina ou Vladivostok », dit le créateur Christian Jank. Sa valise est en noyer ciré, à couvercle en cuir de bœuf sur le dessus et doublé de feutre vert à l'intérieur.

"Per i cani le cose fondamentali – come per gli uomini – sono dormire, mangiare e bere. Nonostante ciò il cane di mondo ama sentirsi a casa propria per il sonno notturno, a Parigi come a Pontresina o Vladivostok", spiega il designer Christian Jank. La sua valigia in legno di noce lucidato è rivestita di cuoio e foderata di feltro verde.

"Las necesidades primarias de los perros –como las de las personas– son dormir, beber y comer. Pero el perro de mundo se siente por la noche como en casa –ya sea en París, Pontresina oder Vladivostock–", dice el diseñador Christian Jank. Su maleta de viaje es de madera de nogal barnizada, está recubierta con cuero de ternero y forrada con fieltro verde.

Safely on the go. Most dogs are enthusiastic passengers. From the time they start tottering about on puppy legs, they know what the rattle of car keys means and, *presto*, they are sitting on the backseat and the journey begins. Hold on! So that the tour doesn't end up being torture, or a minor fender-bender a catastrophe, the dog, according to traffic regulations, must be buckled up or properly secured.

Sicher unterwegs. Die meisten Hunde sind begeisterte Beifahrer. Von Welpenbeinen an können sie das Rasseln mit dem Schlüsselbund richtig interpretieren, schwupps sitzen sie auf der Rückbank und los geht die Reise. Moment! Damit die Tour nicht zur Tortur oder ein kleiner Auffahrunfall zur Katastrophe wird, müssen Hunde laut Straßenverkehrsordnung angeschnallt oder ordentlich gesichert werden.

Voyager en toute sécurité. La plupart des chiens sont des passagers enthousiastes. Dès leur plus jeune âge, ils savent interpréter le cliquetis des clés, sautent sur la banquette arrière et hop, c'est parti. Afin que le trajet ne tourne pas en torture ou un bénin télescopage en catastrophe, le code de la route prescrit le port de la ceinture de sécurité pour les chiens, ou tout autre moyen assurant leur protection.

Sicurezza in viaggio. La maggior parte dei cani ama viaggiare in macchina; già da cuccioli sanno interpretare il tintinnio del mazzo di chiavi e subito saltano sul sedile posteriore. Via, si parte! Ma attenzione: perché il viaggio non si trasformi in tortura o un piccolo tamponamento non sfoci in una catastrofe, i cani devono essere legati con la cintura o comunque assicurati in modo da non costituire pericolo, come prevede il Codice della strada.

Viajar seguro. A la mayoría de los perros le encanta ir de copiloto. Desde cachorros saben interpretar el ruido del llavero, enseguida saltan al asiento trasero y comienza el viaje. Para que la gira no sea una tortura, ni un pequeño accidente se convierte en catástrofe, las ordenanzas de tráfico exigen que el perro vaya atado y correctamente asegurado.

Long-suffering women know that a handbag's weight triples every kilometer walked on cement. Put a dog in it, a comparable calculation holds true; Fido gains about a kilo per shopping mile. The ideal solution is a doggy-buggy.

Leidgeprüfte Frauen wissen, dass sich das Gewicht einer Handtasche pro gelaufenem Kilometer auf Beton verdreifacht. Wenn ein Hund darin ist, gilt eine vergleichbare Rechnung: er nimmt pro Shoppingmeile um ca. 1 Kilo zu. Ideal ist dann ein doggy-buggy.

Les femmes éprouvées savent qu'un sac à main triple de poids à chaque kilomètre parcouru sur du béton. Le calcul est comparable quand il contient un chien : il s'alourdit d'env. 1 kilo par rue de lèche-vitrine. Idéale : la « poussette pour chien ».

Le donne che ci sono già passate sanno bene che il peso della borsetta triplica per ogni chilometro percorso sul cemento. Se dentro c'è un cane, il calcolo è analogo: un chilo in più per ogni chilometro di shopping. Niente di meglio allora che un *doggy-buggy*.

Las mujeres a prueba de sufrimientos saben que el peso de un bolso de mano se triplica con cada kilómetro recorrido sobre cemento. Si se lleva un perro dentro hay que hacer una cuenta parecida: engorda casi 1 kilo por tienda. Lo ideal es un *doggy-buggy*.

The actress Natalie Portman walking through Soho with her little dog.

Die Schauspielerin Natalie Portman spaziert mit ihrem Hündchen durch Soho.

L'actrice Natalie Portman en promenade dans Soho avec son petit chien.

L'attrice Natalie Portman a passeggio per Soho con il suo cagnolino.

La actriz Natalie Portman pasea por Soho con su perrito.

Rocking dogs identify their luggage by the cool studded appliqués in bone design. Whoever owns a Gucci travel bag can go right along into first class and is unmistakable anyway.

Rocking dogs identifizieren ihr Gepäck an coolen Nietenapplikationen in Knochenform. Wer eine Gucci-Reisetasche besitzt, darf mit in die erste Klasse und ist sowieso unverwechselbar.

Le chien « rock'n roll » identifie son bagage aux rivets figurant un os. Tout propriétaire d'un bagage Gucci est habilité à voyager en 1ère classe. Cela évite aussi des erreurs d'identité.

I veri rocking dogs riconoscono il bagaglio dai rivetti metallici a forma di osso. Chi possiede una borsa da viaggio di Gucci va in prima classe ed è comunque inconfondibile.

Los perros rockeros personalizan su equipaje con refinados remaches en forma de hueso. A quien posee una bolsa de viaje Gucci le está permitido viajar en primera y además es inconfundible.

Every dog becomes as sweet as possible before an impending departure and carefully hides the worried doggie wrinkles behind dark glasses until finally saved by the words, "Oh, all right. You can come along, too."

Jeder Hund macht sich vor einer drohenden Abreise so herzig wie möglich und verbirgt besogte Dackelfalten hinter dunkler Brille. Bis ihn endlich die Parole „Du darfst ja mitkommen" erlöst.

Avant un départ imminent, le chien se fait le plus gentil du monde. Le chien p. ex. cache ses plis soucieux derrière des lunettes noires. Jusqu'au libérateur « Allez viens ! Tu es du voyage. »

Tutti i cani diventano affettuosissimi prima di una partenza incombente, e nascondono dietro agli occhiali da sole profonde rughe di preoccupazione. Finché non arrivano le attese parole "puoi venire anche tu".

Ante la amenaza de viaje todo perro se hace lo más entrañable posible y esconde sus arrugas de preocupación tras unas gafas oscuras. Hasta que al fin oye la frase salvadora "tú también vienes".

Ed Hardy is Hollywood's cult label. Paris Hilton knows that — and much more besides. When her little dog doesn't happen to be in a chic handbag, she makes it into her It-Bag.

Ed Hardy ist das Kultlabel Hollywoods. Paris Hilton weiß das – und noch viel mehr. Wenn ihr Hündchen nicht gerade in einer schicken Tasche steckt, macht sie es selbst zur It-Bag.

Ed Hardy est le label culte de Hollywood. Paris Hilton le sait – et plus encore. Quand son petit chien ne se prélasse pas dans un sac chic, elle le transforme en sac tendance.

Ed Hardy è il marchio cult di Hollywood, come ben sa Paris Hilton. La quale, se non mette il cagnolino in una borsetta chic, fa dell'animale stesso una *It-Bag*.

Ed Hardy es la marca de culto de Hollywood. Paris Hilton lo sabe –y aún más. Cuando no mete a su perrito en un elegante bolso, lo convierte en un *it-bag*.

Wellness & Beauty

Care | Relaxation

Pflege | Entspannung

Soins | Détente

Cure de bellezza | Relax

Cuidados | Relajación

At "Les Poochs", perfumers develop exclusive dog scents from fresh lemony to fragrant floral. The aromatic assortment is bottled in heavy crystal flacons and is attuned to sensitive doggie noses.

Bei „Les Poochs" entwickeln Parfumeure exklusive Hundedüfte von frisch-zitronig bis lieblich-floral. Die duftende Vielfalt wird in schwere Kristallflacons abgefüllt und ist auf sensible Hundenasen abgestimmt.

Les parfumeurs de « Les Poochs » créent des fragrances de luxe pour chiens : de la fraîcheur citronnée à la douceur florale. Une gamme présentée dans de lourds flacons en cristal et adaptée au sensible odorat canin.

A "Les Poochs" artigiani profumieri mettono a punto essenze esclusive per cani: dalle note fresche al limone a quelle dolci e floreali. Una profumata varietà confezionata in pesanti flaconi di cristallo e modulata appositamente per i sensibili nasi canini.

En "Les Poochs" los perfumistas crean exclusivos aromas caninos desde el frescor cítrico al dulzor de las flores. Los diversos aromas se envasan en pesados frascos de cristal y se adaptan al sensible olfato de los perros.

Care | Relaxation

Stress is not just a human affliction. Dogs also react to excessive demands and boredom with nervousness and neurosis; moreover, diseases of modern society like obesity, joint problems and lack of condition are often the order of the day for the modern canine. Who can take a dog for mile-long walks in the woods twice a day on spongy forest turf? Who has the time to give hours of tender loving care in keeping with the theory of Chinese medical meridians? Who always understands dog language in time to nip complaints in the bud? Anyone who could accomplish all this would truly be a saintly friend to dogs For the rest of us venial sinners, there are Doggy Wellness programs that in many ways can soothe away all troubles. Reflex zone massages, underwater dog runs, an individually planned diet or relaxation techniques like "doga" (yoga for dogs) do as much good for the dog as for its master or mistress. Dog walkers in many cities compensate for the chronic lack of time and the bad consciences of those personally responsible for walking the dog. Thanks to the growing demand for dogs as protection against crime, Buenos Aires has become the capital of the *paseadores de perros*, dog walkers who accompany up to 20 dogs at a time over the multiple-lane *avenidas* in dimly lit parks. In New York, the "infidelity" of handing your dog over to a walker has been a prestigious tradition for decades. Many dog walkers also accompany their charges to dog salons and wait patiently for the completion of the "pet-icure" to the tune of c. 10 dollars an hour.

One quick hosing and a rubdown are naturally passé. The dog salon of today is a beauty salon of the first order. Fido is first given an aromatic bath and then treated to a special shampoo. Many grooming specialists offer massages and aroma therapies to sooth itching skin or to eliminate unwanted guests like fleas or mites. And don't forget, a little aromatic spray at the end enhances the feeling of wellbeing.

The most famous canine stylists and groomers are mainly from France and Italy, and names like Marie Poirier, Paola Acco, Umberto Lehmann and Denys Lorrain enjoy a cult status similar to Alexandre or Udo Walz in human circles. The best cuts are awarded gold and silver medallions at international championships and particularly successful creations of both dog and master are displayed with pride. Questions concerning which hair on the Yorkshire Terrier gets trimmed or whether the Poodle will appear on the red carpet with a fashion clip, puppy clip, continental or saddle clip are governed by policy rules for each breed, which must be observed in the show ring. Back in the real world, individual consultations about grooming-style (What suits Fido best? How can we cover up his little imperfections, if any?) naturally take priority. And those who want to try something really crazy can have their pet clipped and colored à la David Beckham — that's the trendy grooming style popular in Shanghai.

Wash, blow-dry, perm. Special shampoos for every kind of coat, aroma therapy, and paw-reflex-zones massages are part of the standard program of good dog salons. Dog nail polish or pink colored ears are rather more for the eccentric.

Waschen, föhnen, legen. Spezialshampoos für jede Fell-Art, Aromatherapie und Pfötchenreflexzonenmassage gehören zum Standard Programm guter Hundesalons. Hundenagellack oder rosa gefärbte Ohren sind eher etwas für Exzentriker.

Mise en beauté. Shampoings spéciaux pour chaque genre de poil, aromathérapie et massage des zones de réflexe des pattes figurent au programme standard d'un bon salon de toilettage. Pour les excentriques : vernissage des ongles et coloration en rose des oreilles.

Shampoo e piega. Le toelettature per cani di livello offrono oggi shampoo speciali per ogni tipo di mantello, aromaterapia e reflessoterapia alle zampe. Lo smalto per le unghie o la tinta rosa alle orecchie sono invece riservati alle personalità eccentriche.

Lavar, secar, marcar. Champús especiales para cada tipo de pelaje, aromaterapia y masaje reflexológico en las patas constituyen el programa estándar de los buenos salones caninos. El esmalte de uñas y las orejas teñidas de rosa son cosa de excéntricos.

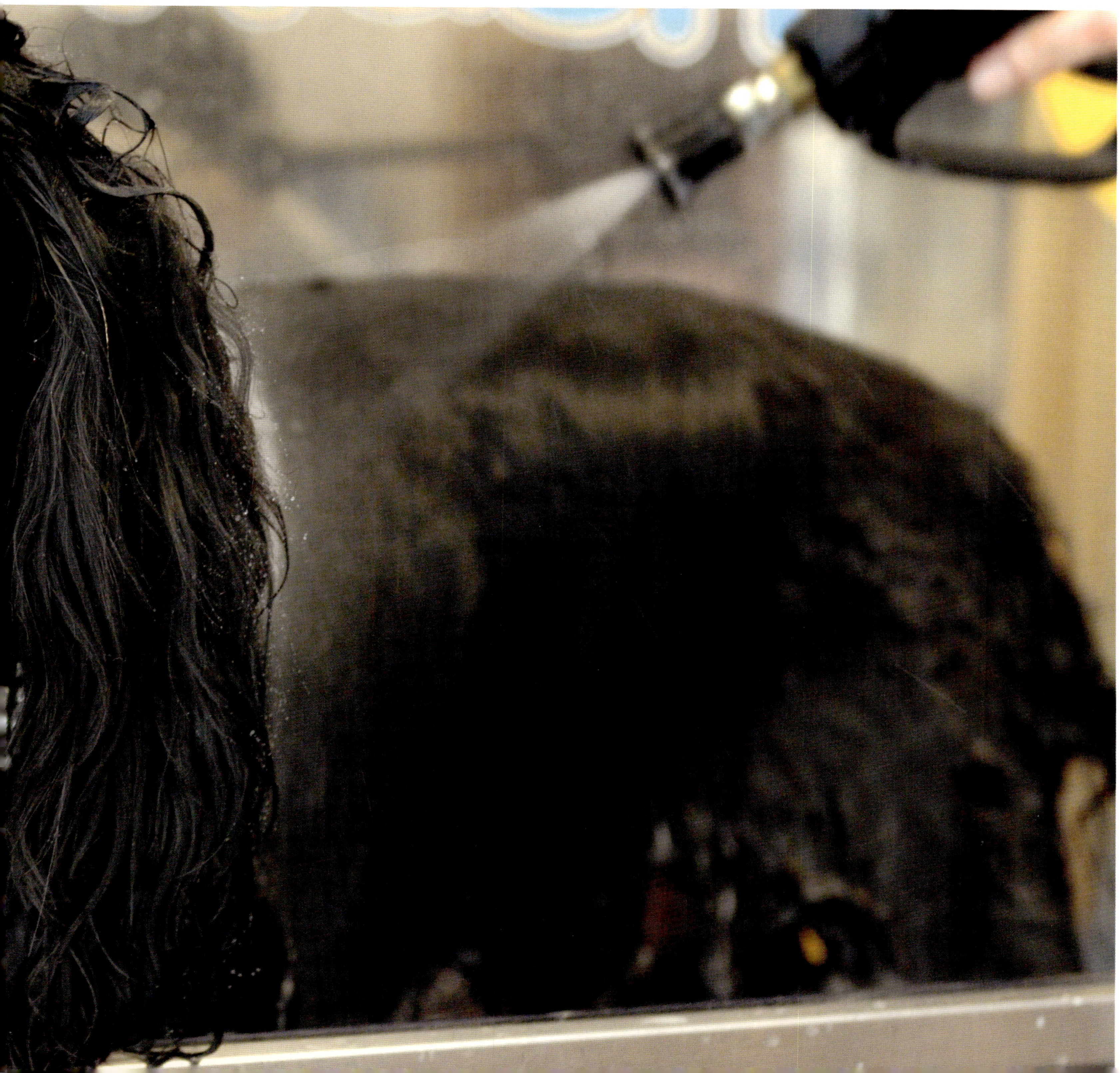

"Murphy" is being dressed up — perhaps for an online date? Thousands candidates are already registered at the Chinese dog dating agency GouGou 520.

„Murphy" wird fein gemacht – vielleicht für ein Rendezvous online? Bei der chinesischen Hundedating-Agentur GouGou 520 sind bereits tausende Kandidaten registriert.

Toilettage de « Murphy ». Pour un rendez-vous en ligne ? Plusieurs milliers de candidats figurent déjà dans le fichier canin de l'agence chinoise GouGou 520.

"Murphy" si fa bello – che sia per un appuntamento galante online? L'agenzia cinese per cuori di cane solitari GouGou 520 ha già migliaia di candidati registrati.

Acicalando a "Murphy" –¿Quizá para una cita online? En la agencia china de contactos caninos GouGou 520 se han registrado miles de candidatos.

Pflege | Entspannung

Stress ist nicht nur ein menschlicher Faktor. Auch Hunde reagieren auf Überforderung und Langeweile mit Nervosität oder Neurosen, und Zivilisationskrankheiten wie Übergewicht, Gelenkprobleme und Konditionsschwäche sind für den modernen Hund oft an der Tagesordnung. Denn wer kann schon zweimal täglich kilometerweit auf weichem Waldboden mit ihm wandern, wer hat Zeit für stundenlange Streicheleinheiten unter Berücksichtigung der Meridiane, wer versteht jederzeit und rechtzeitig die Hundesprache, um Missverständnisse sofort zu klären? Dieser Mensch wäre ein wahrlich heiliger Hundefreund. Für alle anderen lässlichen Sünder gibt es Doggy-Wellness-Angebote, die auf vielfältige Weise ausgleichen, was im Argen liegt. Reflexzonenmassage, Unterwasserlaufband, ein individuell zusammengesteller Ernährungsplan oder Entspannungstechniken wie „Doga" (Yoga für Hunde) tun dem gestressten Hund ebenso gut wie seinem Herrchen. In vielen Städten kompensieren professionelle Dog-Walker den chronischen Zeitmangel und das schlechte Gewissen der privat zuständigen Gassi-Geher. Buenos Aires ist dank ständig wachsender Hunde-Nachfrage – und aus Angst vor Überfällen – die Hauptstadt der sogenannten „Paseadores de Perros", die bis zu 20 Hunde gleichzeitig über vielspurige Avenidas in schummrige Parks begleiten; in New York ist das „Fremdgehen lassen" aus Prestigegründen bereits jahrzehntealte Tradition. Viele Dog-Walker begleiten ihre Schützlinge auch zum Hundefriseur und warten für einen Stundenlohn von ca. 10 Dollars geduldig auf die Vollendung der Fellpflege.

Einmal kalt duschen und abrubbeln ist natürlich völlig passé. Der Hundefriseur von heute ist ein Schönheitssalon der Extraklasse. Der Hund bekommt ein duftendes Bad und wird mit einem Spezialshampoo verwöhnt. Manche Fellpfleger bieten Massagen und Aromatherapien an, um trockene, juckende Haut zu beruhigen oder unliebsame Gäste wie Flöhe oder Milben loszuwerden. Nicht zu vergessen: ein wenig Duftspray zum Ausklang hebt das Lebensgefühl.

Die berühmtesten Hundehaar-Stylisten kommen vor allem aus Frankreich und Italien und Namen wie Marie Poirier, Paola Acco, Umberto Lehmann oder Denys Lorrain genießen einen ähnlichen Kultstatus wie Alexandre oder Udo Walz in Menschenkreisen. Bei internationalen Weltmeisterschaften werden die besten Schnitte mit Gold- und Silbermedaillen ausgezeichnet und besonders gelungene Kreationen von Hund und Meister mit Stolz zur Schau getragen. Welches Haar einem Yorkshireterrier gekrümmt werden darf, und ob der Pudel in Modeschur, Puppyschur, Continental oder Saddleclip auf dem Treppchen steht, unterliegt dabei rassetypischen Grundsatzregeln, an denen es im Showring nichts zu rütteln gibt. Im Alltag spielt die individuelle Frisur-Beratung – was steht dem Hund am besten und wie kann ein eventueller Mangel kaschiert werden – natürlich im Vordergrund. Und wer einmal etwas völlig Verrücktes ausprobieren will, lässt seinem Tier Haarfarbe und Schnitt à la David Beckham verpassen – das ist die populäre Trendfrisur in Shanghai.

West Highland Terrier "Jeany" — before and after. An unkempt digger and play-about becomes a lady acceptable to all. Her friend "Murphy" will also soon be finished.

Westhighlandterrier „Jeany" vorher und nachher: So wird aus einem verwilderten Buddler und Spieler eine stadtfeine Dame. Ihr Freund „Murphy" ist auch bald fix und fertig.

« Jeany », une femelle terrier du West Highland, avant et après : métamorphose d'une fouineuse ébouriffée en élégante dame de la ville. Son ami « Murphy » est lui aussi presque prêt.

La West Highland Terrier "Jeany" prima e dopo. Una cagnolina ruspante, abituata a giocare e a scavare buche, si è trasformata in una raffinata gentildonna. Il suo amico "Murphy" ha quasi finito il trattamento.

La terrier westhighland "Jeany" antes y después: de escarbar y jugar como loca a convertirse en una fina dama urbana. Su amigo "Murphy" pronto está también a punto.

Soins | Détente

Le stress n'est pas uniquement un phénomène humain. Le chien réagit lui aussi à la fatigue et à l'ennui en manifestant des signes de nervosité, voire de névrose. Les maladies de civilisation, telles que le surpoids, les problèmes d'articulations et faiblesse, sont aussi à l'ordre du jour pour le chien moderne. Qui donc peut en effet se permettre d'accompagner son toutou dans de longues randonnées à travers bois deux fois par jour, ou de lui prodiguer des caresses en tenant compte des méridiens ? Qui comprend sur commande le langage canin afin de prévenir le mal à temps? Celui-là serait un vrai saint. Alors, pour remédier à ce genre de petits problèmes, il existe des programmes wellness bienfaisants. Massage des zones de réflexes, tapis roulant aquatique, plan diététique personnalisé ou techniques de relaxation, comme le « Doga » (yoga canin) sont aussi bénéfiques pour le chien stressé que pour le maître. Dans bien des villes, des promeneurs professionnels de chiens compensent désormais notre manque chronique de temps, ce qui nous déculpabilise de ne pas pouvoir conduire Bambou faire ses besoins dans le caniveau. En croissante augmentation par crainte des agressions, le nombre des chiens de compagnie fait de Buenos Aires la capitale des « Paseadores de Perros » que l'on voit, avec une vingtaine de chiens en laisse, sur les Avenidas à nombreuses voies, ou dans les parcs obscurs. À New York, confier son chien à un étranger est une question de prestige depuis plusieurs dizaines d'années. Un bon « Dog-Walker » conduit même son protégé au salon de toilettage et patiente le temps qu'il faut pour 10 dollars de l'heure.

Plus que ringardes sont les douches froides et les frictions avec une serviette-éponge. Les salons canins se sont transformés en de luxueux instituts de soins de beauté offrant sels de bains odorants et shampoings appropriés. Certains proposent également des massages et des aromathérapies pour apaiser les peaux sèches ou irritées, débarrasser les robes d'intrus aussi détestables que les puces et les acariens. Sans oublier la touche finale : un nuage de parfum pour un bien-être complet.

Les plus grands coiffeurs pour chiens sont surtout français ou italiens. Des Marie Poirier, Paola Acco, Umberto Lehmann ou Denys Lorrain font l'objet de la même dévotion qu'un Alexandre ou un Franck Avogadri chez les dames. Lors de championnats internationaux les plus belles coupes canines sont récompensées par une médaille d'or et une médaille d'argent. La fierté des lauréats n'a d'égale que celle de leur maître. Quelle frisure pour ce yorkshire ? Quelle tonte tendance, « Puppy », « lion », « continental » ou « culotte anglaise », pour ce caniche ? Le privilège de se pavaner sur un podium répond à un règlement spécifique de la race auquel personne ne peut déroger. Le quotidien se gère mieux, lui aussi, avec une aide individuelle : le coach saura quelle coiffure convient le mieux à l'animal ou comment cacher judicieusement une petite imperfection. Les plus excentriques et les plus audacieux tenteront une coiffure et une coloration à la David Beckham, dernier cri à Shanghai.

For the hairstyle perfectly suited for the species, "Les Poochs" recommends brushes of gold and silver with individual numbers and round-ended bristles.

Für die perfekte artgerechte Frisur empfiehlt „Les Poochs" Bürsten aus Gold und Silber mit individueller Nummer und abgerundeten Borsten.

Pour un toilettage parfait et conforme à la race, « Les Poochs » recommande des brosses en or et en argent à numéro individuel et poils arrondis.

Per una perfetta pettinatura "Les Poochs" consiglia spazzole in oro e argento con numero personale e setole arrotondate.

Para el perfecto peinado de acuerdo a la raza, "Les Poochs" recomienda cepillos de oro y plata con números personales y cerdas redondeadas.

Cure di bellezza | Relax

Lo stress non è un problema solo per gli umani. Anche i cani reagiscono a stress e noia con nervosismo e nevrosi, e le malattie della civiltà occidentale, come soprappeso, problemi articolari e scarsa resistenza fisica sono all'ordine del giorno per il cane moderno. Del resto, quanti di noi hanno la possibilità di portare il cane a spasso due volte al giorno per chilometri su soffici terreni boscosi, chi ha il tempo per fare ore di carezze (tenendo conto dei meridiani), chi sa interpretare sempre e al momento giusto il linguaggio canino per stroncare sul nascere ogni rimostranza? Se una persona così esistesse sarebbe davvero un santo cinofilo. Per tutti noialtri peccatori veniali esiste il *doggy wellness*, con le sue molteplici soluzioni per rimediare ai vari malanni. Riflessologia, jogging sott'acqua, programmi nutrizionali su misura o tecniche di rilassamento come il "doga" (yoga per cani) fanno bene sia al cane che al suo padrone. In molte città esistono *dog-walker* professionisti che compensano la cronica mancanza di tempo e leniscono la coscienza sporca di chi sarebbe tenuto a portare a spasso il cane. A causa del numero sempre crescente di cani e della paura di furti e assalti, Buenos Aires è ormai diventata la capitale dei cosiddetti "paseador de perros", che accompagnano fino a 20 cani contemporaneamente oltre le trafficate *avenidas* a più corsie fino a oscuri giardini pubblici. A New York i *dog-sitter* hanno una tradizione ultradecennale e sono un segno di prestigio. Molti *dog-walker* accompagnano i loro pupilli anche dal toelettatore e per una paga oraria di circa 10 dollari attendono pazientemente che finisca la cura del pelo.

Una semplice doccia fredda e una strofinata di asciugamano sono ormai antiquati: il toelettatore moderno è un vero salone di bellezza a quattro stelle. Il cane viene dapprima sottoposto a un bagno profumato e lavato delicatamente con uno shampoo speciale. Alcuni toelettatori offrono massaggi e aromaterapia per lenire la cute secca e soggetta a prurito o per eliminare ospiti indesiderati come pulci o acari. Da non dimenticare, per concludere, un tocco di spray profumato che risolleva l'umore.

I più famosi stilisti canini provengono soprattutto da Francia e Italia, e nomi come Marie Poirier, Paola Acco, Umberto Lehmann o Denys Lorrain suscitano lo stesso entusiasmo di Aldo Coppola e Vidal Sassoon fra gli umani. In occasione dei concorsi e campionati internazionali i tagli migliori vengono premiati con medaglie d'oro e d'argento e le creazioni particolarmente riuscite sono esibite con orgoglio in passerella da cane e creatore. Le esposizioni prevedono regole specifiche rigidissime per ogni razza, che sanciscono quali peli di uno Yorkshire Terrier possano essere arricciati, e se il Barboncino Nano si debba esibire con tosatura alla leoncina, "puppy", anglosassone, o moderna. Nella vita quotidiana naturalmente prevale la consulenza individuale, quale tosatura dona di più all'animale e come minimizzare eventuali difetti. Chi poi vuole concedersi per una volta un colpo di vita può scegliere per il proprio cane taglio e colore alla David Beckham, l'ultimo grido a Shanghai.

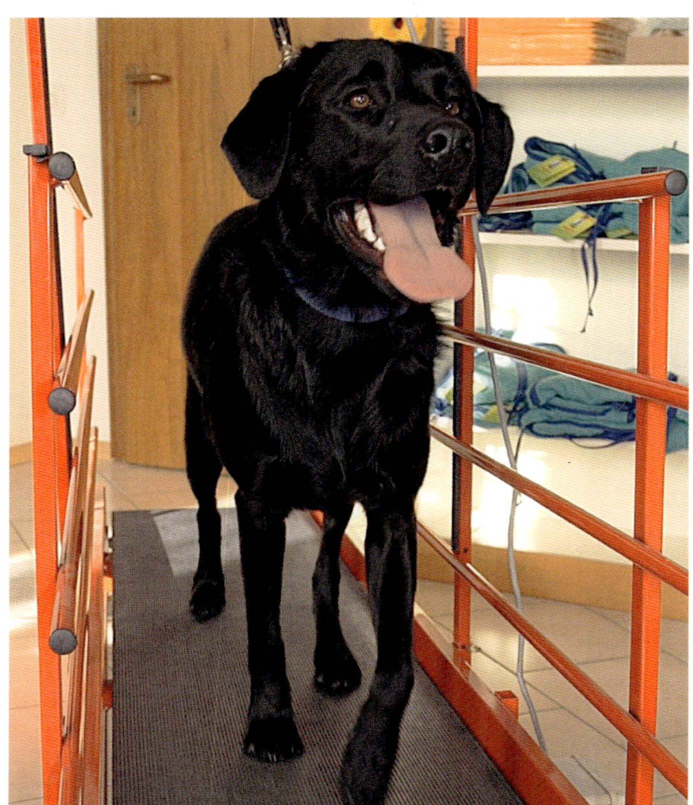

Cuidados | Relajación

El estrés no es sólo un factor humano. También los perros reaccionan ante la presión exagerada y el aburrimiento con nerviosismo o neurosis, y enfermedades de la civilización como el sobrepeso, los problemas articulares y la baja forma física están a menudo a la orden del día para el perro moderno. Y es que ¿quién puede recorrer dos veces al día varios kilómetros sobre el blando suelo de un bosque? ¿quién tiene tiempo para acariciar durante horas teniendo en cuenta los meridianos corporales? ¿quién comprende siempre y en todo momento el lenguaje canino para poner remedio a las quejas en su origen? Este ser humano sería un auténtico santo amigo de los perros. Para todos los demás pecadores irremisibles existen las ofertas de *doggy wellness*, que de diversas formas compensan los males. Masaje de zonas reflejas, cinta para correr bajo el agua, un plan dietético elaborado a título personal o técnicas de relajación como "doga" (yoga para perros) benefician al perro estresado tanto como a su amo. En muchas ciudades *dog-walker* profesionales compensan la falta de tiempo crónica y el remordimiento de conciencia del encargado de los paseos privado. Gracias al continuo aumento de la demanda de perros y –por miedo a los asaltos– Buenos Aires es la capital de los llamados "paseadores de perros", que acompañan hasta a 20 canes por las avenidas de múltiples carriles y en parques penumbrosos; en Nueva York, "salir con un extraño" por razones de prestigio es ya una tradición de décadas. Muchos *dog-walker* también acompañan a sus protegidos al peluquero y por un salario de unos 10 dólares la hora esperan pacientemente hasta que concluye el arreglo del pelaje.

Una ducha fría y frotar con la toalla es por supuesto algo totalmente *passé*. La peluquería canina de hoy es un salón de belleza de clase extra. El perro recibe un baño perfumado y se le mima con un champú especial. Algunos cuidadores del pelaje ofrecen masajes y aromaterapia para calmar la piel seca e irritada o eliminar huéspedes indeseables como pulgas o ácaros. No hay que olvidarlo: un poco de spray perfumado para rematar eleva el tono vital.

Los estilistas capilares caninos más famosos proceden sobre todo de Francia e Italia y nombres como Marie Poirier, Paola Acco, Umberto Lehmann o Denys Lorrain disfrutan de un estatus de culto similar al de Alexandre o Udo Walz en los círculos humanos. En competiciones internacionales se distinguen con medallas de oro y plata los mejores cortes, y las creaciones especialmente bien logradas son exhibidas con orgullo por amos y perros. Qué pelo se le puede curvar a un terrier de Yorkshire y si un caniche con el esquilado Mode, Puppy, Continental o Saddleclip sube al podio, depende de unas reglas básicas típicas de cada raza, a las que no hay nada que objetar en el circulo de exhibición. A nivel cotidiano lo que cuenta es por supuesto el asesoramiento personal del peluquero –qué es lo que mejor le sienta al perro y cómo se pueden disimular eventuales deficiencias. Y quien quiere probar por una vez algo totalmente alocado pide que le hagan a su perro un tinte y un corte a lo David Beckham –éste el peinado de moda más popular en Shangai.

Dog shows in the elite Russian ladies clubs are the latest fashion. The motto: who has the most beautiful in all the land?

Hundeschauen sind in elitären russischen Damenclubs die große Mode. Motto: wer hat die Schönste/den Schönsten im ganzen Land?

Les défilés canins sont le hit dans les clubs féminins russes. C'est à qui possède le beau spécimen mâle ou femelle de tout le pays.

Le mostre canine sono di gran moda presso i più esclusivi club femminili russi. Chi è la più bella o il più bello del reame?

En los elitistas clubs de damas rusos, las exhibiciones caninas son la última moda: ¿Quién tiene el/la más bello/a de todo el país?

In the judging of the Yorkshire breeds, 50 of 100 points are allotted to the coat.

50 von 100 Punkten entfallen bei einer Yorkshire-Rassebewertung auf das Fell.

Concours de yorkshires. Sur 100 points, 50 vont à la robe.

Quando si valuta uno Yorkshire, 50 punti su 100 sono attribuiti al mantello.

En una valoración de la raza Yorkshire, 50 de los 100 puntos recaen sobre el pelaje.

In public self-serve dog washes, a clever idea from dog-crazy, rainy Ireland, dogs are washed and dried in four steps (above right). The professional wash machine, Sanwhirl (below left), is also to be found in some super-clean private households.

In öffentlichen Selbstbedienungs-Waschanlagen, einer patenten Idee aus dem hundenärrischen und regenreichen Irland, werden Hunde in vier Schritten gewaschen und getrocknet (oben rechts). Die Profi-Waschmaschine „Sanwhirl" (unten links) steht auch in manchen supersauberen Privathaushalten.

Dans les laveries automatiques publiques, une idée astucieuse venue du pays fou des chiens et pluvieux qu'est l'Irlande, nos canidés sont lavés et séchés en quatre étapes (en haut, à droite). On voit également la machine à laver professionnelle Sanwhirl (en bas, à gauche) dans certains foyers férus de propreté.

Impianti pubblici self-service di lavaggio, un'idea proveniente dalla piovosa e cinofila Irlanda. Qui i cani vengono lavati e asciugati in quattro fasi (a destra in alto). La macchina professionale per il lavaggio Sanwhirl (a sinistra in basso) si trova anche in alcune case private particolarmente attente alla pulizia.

En las instalaciones públicas de autolavado (excelente idea procedente de Irlanda, país muy aficionado a los perros y muy lluvioso) se lava y seca a los canes en cuatro fases (derecha, arriba). La lavadora profesional Sanwhirl (izquierda, abajo) se encuentra también en algunos hogares superlimpios.

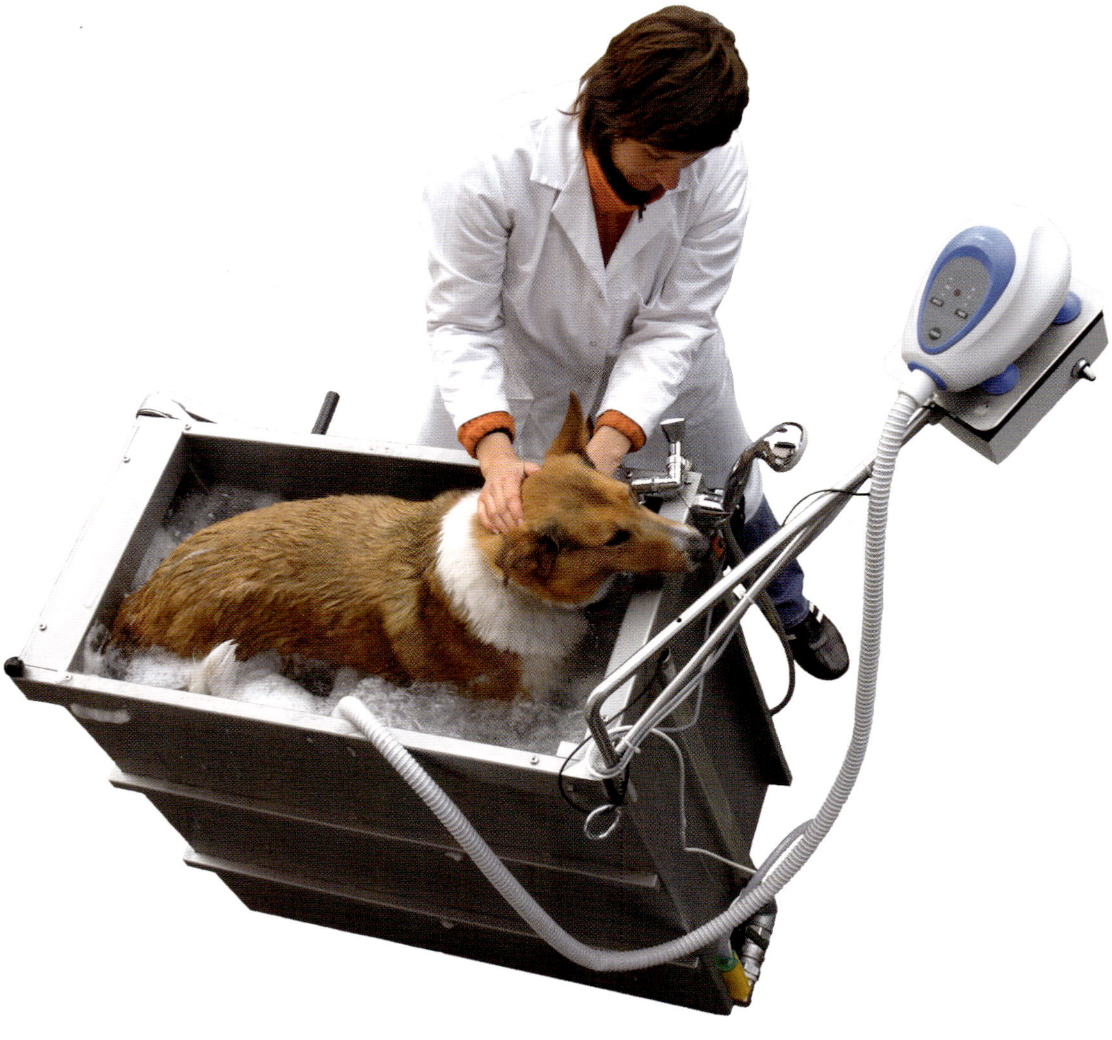

The bath is ready. The pressure of the water flowing through the side jets is adjustable. The treatment is especially beneficial for dogs with allergies or sensitive skin. (below left)

Das Bad ist bereitet. Durch die seitlichen Düsen strömt das Wasser mit regulierbarem Druck. Besonders wohltuend ist die Behandlung für Hunde mit Allergien oder empfindlicher Haut. (unten links)

Préparation du bain. La pression de l'eau qui jaillit des buses latérales est réglable. Soin particulièrement salutaire pour les chiens souffrant d'allergies ou à peau fragile. (en bas, à gauche)

Il bagno è pronto. L'acqua esce dagli ugelli laterali a pressione regolabile. Il trattamento è particolarmente indicato per cani soggetti ad allergie o con pelle sensibile. (a sinistra in basso)

El baño está listo. Por las toberas laterales fluye el agua con presión regulable. El tratamiento es especialmente beneficioso para perros con alergias o piel sensible. (izquierda, abajo)

Food

Dog Bowls | Restaurants

Näpfe | Restaurants

Écuelles | Restaurants

Ciotole | Ristoranti

Comederos | Restaurantes

Raw fruit and vegetables, stew or fast food in cans? Supply and demand are insatiable and dog and owner alike profit from the global competition for the dog food that best fulfills canine requirements.

Rohkost, Eintopf oder Fast Food in Dosen? Angebot und Nachfrage sind unersättlich und vom weltweiten Wettbewerb um das hundgerechteste Fressen profitieren Hund und Halter.

Crudités, ragoût ou fast food en boîte ? L'offre et la demande sont inépuisables, ce qui stimule la concurrence mondiale sur le marché des meilleurs aliments canins.

Cibo crudo, zuppa o fast food in barattolo? La domanda e l'offerta sono insaziabili; cane e padrone profittano della concorrenza mondiale nel campo del cibo più adatto ai nostri compagni a quattrozampe.

¿Alimentos crudos, potaje o fast food en lata? Oferta y demanda son insaciables. Perros y dueños se benefician de la competencia mundial en torno al mejor alimento canino.

Dog Bowls | Restaurants

What our dear little canine carnivore wants to do most is to tear apart a living animal and devour it, hair, hide and giblets. Although reflecting little on enjoyment, a dog gulping down its prey is in fact ingesting all the vital proteins, facts, minerals, enzymes and roughage it needs. Because wild dogs are summarily shot in this country and no human lets living mice loose in the kitchen to serve as prey, the dog has to find other ways to provide for its meals. "B.A.R.F.," or biological, species-appropriate raw food, offers a way out of the moral dilemma of proper nourishment. In the opinion of many gourmets, raw morsels from the butcher constitute the most natural diet, though such a menu requires a lot of time-consuming work — and an occasional vegetable and fast day should be observed. Excellent producers now offer healthy canned "raw food" diets guaranteed free of meat and bone meal, flavorings and artificial preservatives. At the same time, on the road "back to nature," the vegetarian and vegan lobby is gaining strength with a high-quality, first class selection of menus that completely avoid animal protein, and yet taste good. So what is best for our fur-coated darlings? Meat or flakes? Moist or dry? The product jungle is thick and accordingly hard to see through.

Dog food is the largest market in the pet industry. There are special dog foods for seniors, light food for Labradors, easy-on-the-digestion meals for the little ones and calorie bombs for the high performance athletes. Not to mention bones, which clean the teeth while being eaten, edible toys, vitamin candy, lactose-free ice cream, doggy birthday cakes ... Whoever isn't intimidated by the agonizing choice, or taken in by cheap offers, will find what's right for every canine taste.

Right at the top of every dog's wish list are the traditional goodies. Loving masters and mistresses always carry them around in the pockets of their trousers or jacket and give them out in private when the canine pupil does what it is supposed to do. More and more dog bakeries are offering rewards for a job well done and for labors of love among the like-minded. The "Three Dog Bakery" has now spread its chain of stores over the whole of the USA, Japan and South Korea. Or you might visit "Snobbish Babies" in Tokyo to "see and be seen" while your pet enjoys dog-tempting delicacies. A dog in a restaurant is de facto no longer taboo. Doggy dining has recently been officially allowed in Orlando, Florida, and in Germany, the first dog restaurant, "Frizzis," exclusively serves four-footed gourmands.

BUDDY BISCUITS
BUDDY BISCUITS
PUMPKIN
PUMPKIN
Fleece Toys
Knitted Toys

Näpfe | Restaurants

Am liebsten würde unser braver Karnivore ein lebendes Tier reißen und es mit Haut, Haar und Innereien verzehren. Ohne sich lang auf's Genießen zu besinnen, würde er beim Verschlingen der Beute alle lebenswichtigen Eiweiße, Fette, Mineralien, Enzyme und Ballaststoffe zu sich nehmen. Da wildernde Hunde aber hierzulande standrechtlich erschossen werden und kein Mensch lebendige Mäuse als Freiwild in der Küche aussetzt, muss der Hund sich anderweitig verköstigen. „B.A.R.F." – Biologisches Artgerechtes Rohes Futter – ist ein Weg aus der Klemme zwischen Fressen und Moral. Rohe Happen vom Metzger sind – so die Meinung vieler Feinschmecker – die natürlichste Ernährung, wobei auch reichlich „Knochenarbeit" geleistet und von Zeit zu Zeit ein Gemüse- und Fasttag eingelegt werden sollte. Hervorragende Hersteller bieten den gesunden rohen Fraß inzwischen hausgemacht in Dosen an, garantiert frei von Tiermehlen, Aromen und künstlichen Konservierungsstoffen. Auf dem Weg „zurück zur Natur" erstarkt gleichzeitig die Lobby der Vegetarier und Veganer mit einer qualitativ erstklassigen Auswahl verschiedener Menüangebote, die gänzlich ohne tierisches Eiweiß auskommen und trotzdem gut schmecken.

Was also ist das Beste für unseren Liebling im Wolfspelz? Fleisch oder Flocken? Trocken oder nass? Der Produkt-Dschungel ist dicht und dementsprechend schwer zu durchschauen. Hundenahrung ist der größte Markt im Haustiersegment. Es gibt Spezialfutter für Senioren und Lightkost für Labradors, magenschonende Gerichte für Kleine und Kalorienbomben für Leistungssportler. Kauknochen, die gleichzeitig Zähne putzen, fressbares Spielzeug, Vitaminbonbons, lactosefreie Eiscreme, Geburtstagskuchen ... Wer nicht vor der Qual der Wahl zurückschreckt oder sich mit Billigangeboten abspeisen lässt, findet für jeden Geschmack das Richtige.

Ganz oben auf der Wunschliste jeden Hundes stehen die traditionellen „Goodies". Stets tragen liebende Frauchen und Herrchen sie in Hosen und Jackentaschen mit sich herum und spendieren sie „unter vier Augen", wenn der Zögling tat, was er sollte. Belohnung für geleistete Arbeit und Liebesmüh unter Gleichgesinnten bieten immer mehr Hundebäckereien, die „Three Dog Bakery" überzieht inzwischen die gesamte USA, Japan und Südkorea mit einem Netz aus Filialen, bei den „Snobbish Babies" in Tokio gibt es beim „Sehen und gesehen werden" artgerechte Delikatessen. Hunde in Restaurants sind de facto kein Tabu mehr. „Doggy-dining" wurde kürzlich in Orlando, Florida offiziell genehmigt und in Deutschland bewirtet das erste Hunderestaurant „Frizzis" ausschließlich vierpfotige Schleckermäuler.

Écuelles | Restaurants

Notre brave carnivore aurait tendance à préférer avaler des animaux vivants, avec la peau, les poils et les organes. Sans perdre du temps à déguster à petites bouchées, il profiterait ainsi d'un précieux apport en protéines, graisses, sels minéraux, enzymes et fibres. Mais comme la loi martiale des pays civilisés exige d'abattre les chiens errants et qu'aucun maître ne jetterait en pâture à son toutou une souris vivante au milieu de la cuisine, les chiens doivent bien se soumettre à un autre régime. « N.C.B.P.C » (Nourriture Crue Biologique Pour Chiens) résout le dilemme entre alimentation et morale. De l'avis des gourmets, la viande de boucherie constitue le plus sain de tous les régimes alimentaires, malgré l'effort que la désosser coûte à Bambou et l'introduction nécessaire, de temps à autre, d'une journée de diète aux légumes. De grands industriels proposent des boîtes de mets nutritifs à base de viande crue et garantis sans farine animale, additifs aromatiques ni conservateurs chimiques. La mode du « retour à la nature » fait le bonheur des lobbies du végétarisme et du véganisme. Ils mettent sur le marché un choix de première qualité en menus divers et délicieux, bien que sans aucune protéine animale.

Un problème se pose : viande ou flocons pour le petit chéri poilu ? Difficile de s'y retrouver dans la jungle alimentaire, qui représente la plus grande part de tout le marché pour animaux de compagnie. Sur les rayons s'alignent des boîtes spéciales seniors, des produits allégés pour labradors, des plats diététiques pour les mini-spécimens à l'estomac fragile, et des préparations hyper-caloriques pour les sportifs de haut niveau. On y trouve aussi des os qui récurent en même temps les dents, des jouets comestibles, des bonbons vitaminés, des glaces sans lactose, des gâteaux d'anniversaire, etc. À condition de ne pas craindre le choix difficile face à l'abondance des produits de qualité ni de se contenter du bas de gamme, il y en a pour tous les goûts.

Mais en fait, un chien digne de ce nom adore les traditionnelles gâteries que le maître a toujours dans une poche de veste ou de pantalon et qu'il sort « entre quatre-z-yeux » , pour montrer sa gratitude envers son toutou si obéissant. Un nombre croissant de boulangeries pour chiens vendent ce genre de gourmandises pour récompenser les bons et loyaux services entre camarades. La chaîne « Three Dog Bakery » dessert déjà tous les États-Unis, le Japon et la Corée du Sud. À Tokyo, les « Snobbish Babies » (« Salons du m'as-tu-vu ») débordent de produits fins canins. Les mentalités changent : emmener son chien au restaurant ne soulève plus l'indignation générale. Le « Doggy dining » vient d'être officiellement autorisé à Orlando, en Floride, et en Allemagne, « Frizzies », le plus grand restaurant pour chiens, ne sert plus que les gourmets canins.

Ciotole | Ristoranti

Se potessero scegliere il loro piatto preferito, i nostri bravi carnivori non avrebbero dubbi: catturare un animale vivo e divorarlo con tanto di pelle, pelo e interiora. Senza voler disquisire sui gusti, mangiando la preda si assumono tutte le proteine, i grassi, i minerali, gli enzimi e le fibre necessarie alla vita. Dal momento però che i cani randagi sono preda dell'accalappiacani e nessuno gradisce liberare topi vivi in cucina per lasciar cacciare il cane, occorre cercare alternative. Una via d'uscita dal dilemma tra morale e appetito è offerta dall'alimentazione "barf" – *biologically appropriate raw food*. Secondo l'opinione di numerosi buongustai, i bocconi di carne cruda del macellaio rappresentano l'alimentazione più naturale, non dimenticando di includere anche le ossa e inserendo di tanto in tanto una giornata di sole verdure e una di digiuno. Oggigiorno esistono ottimi produttori che vendono il sano cibo crudo già preparato in scatola, garantito senza farine animali, aromi e conservanti artificiali. Sulla scia della tendenza del "ritorno alla natura" si rinforza allo stesso tempo la lobby dei vegetariani e dei vegani, con un'ampia scelta di ottimi menù del tutto privi di proteine animali e ricchi di gusto.

Cosa scegliere dunque per il discendente del lupo? Carne o crocchette? Cibo secco o umido? Il mercato assomiglia a una giungla impenetrabile ed è difficile orientarsi. Nel settore animali da compagnia il cibo per cani rappresenta il mercato maggiore. Esistono cibi speciali per cani anziani e menù light per i Labrador, pasti altamente digeribili per i piccoli e bombe caloriche per i veri sportivi; ossa da masticare che puliscono anche i denti, giocattoli commestibili, caramelle multivitaminiche, gelati senza lattosio, torte di compleanno … Chi non si fa spaventare dal numero di possibilità o non si accontenta delle offerte più economiche troverà sicuramente qualcosa di proprio gusto.

In cima alla lista dei desideri di ogni cane ci sono i tradizionali bocconcini, le leccornie sempre presenti nelle tasche di giacche e pantaloni di padroni e padrone, che le portano con sé per concederle "a quattr'occhi" quando il pupillo ha fatto quanto richiesto. Per una ricompensa per le fatiche e i lavori svolti gli intenditori possono rivolgersi a una delle sempre più numerose panetterie per cani, come quelle della catena "Three Dog Bakery", ormai presente su tutto il territorio statunitense, in Giappone e Corea del Sud con una propria rete di filiali. Nel locale di Tokyo "Snobbish Babies" l'importante è vedere e farsi vedere gustando squisitezze canine. I cani al ristorante non sono più un tabù: il *doggy dining* è stato recentemente autorizzato ufficialmente a Orlando, in Florida, mentre in Germania il primo ristorante per cani, il "Frizzis" si rivolge esclusivamente a una clientela di buongustai a quattro zampe.

Comederos | Restaurantes

Lo que más les gustaría a nuestros buenos carnívoros sería devorar un animal vivo con piel, pelo y entrañas. Sin pararse a pensar demasiado en el placer, obtendrían en el momento de tragar la presa todas las proteínas, grasas, minerales, enzimas y fibras necesarias para vivir. Pero como por estas latitudes se fusila a los perros asilvestrados y nadie está dispuesto a tener ratones vivos en la cocina como piezas de caza, un perro tiene que alimentarse de otra manera. La Comida Cruda Biológica y Apropiada a la especie ("B.A.R.F." en sus siglas alemanas) es un modo de salir al paso entre la voracidad y la moral. Los bocados crudos del carnicero son –en opinión de muchos gourmets– la alimentación más natural, siempre y cuando se "trabaje duro" y de vez en cuando se guarde un día de ayuno y a base de verduras. Entre tanto, excelentes fabricantes ofrecen la saludable comida cruda en latas, garantizando la ausencia total de harinas animales, aromas y conservantes artificiales. Esta vía de "regreso a la naturaleza" refuerza a la vez al lobby de los vegetarianos y veganos con una selección de diferentes menús de primera calidad, que renuncian totalmente a las proteínas de origen animal y a pesar de todo tienen buen sabor.

Así pues, ¿qué es lo mejor para nuestro querido con la piel de lobo? ¿carne o copos? ¿comida seca o húmeda? La jungla de productos es tupida y por lo tanto difícil de penetrar. La comida para perros supone el mayor mercado dentro del segmento de los animales domésticos. Hay comida especial para animales de edad avanzada y alimentos bajos en calorías para labradores, platos digestivos para los pequeños y bombas calóricas para los deportistas de élite. Huesos que limpian a la vez los dientes, juguetes comestibles, caramelos vitamínicos, helados sin lactosa, pasteles de cumpleaños ... Quien no sienta pánico ante el martirio de la elección, ni se conforme con ofertas baratas, encontrará lo apropiado para todo tipo de gustos.

El primer puesto en la lista de deseos de un perro está ocupado por los tradicionales *goodies* o golosinas. Los queridos dueños y dueñas los llevan siempre en los bolsillos de pantalones y chaquetas y los reparten "en secreto" cuando el pupilo hace lo que tiene que hacer. Cada vez más panaderías para perros ofrecen recompensa por el trabajo realizado y cariño entre camaradas, entre tanto la "Three Dog Bakery" extiende una red de filiales por todo Estados Unidos, Japón y Corea del Sur y en el "Snobbish Babies" de Tokio se ofrecen delicias apropiadas a la especie, mientras "uno mira y es visto". De hecho, que los restaurantes admitan perros ha dejado de ser un tabú. *Doggy dining* obtuvo hace poco la licencia oficial en Orlando, Florida y en Alemania el primer restaurante para perros llamado "Frizzis" sirve únicamente a selectos paladares de cuatro patas.

Veterinarians recommend serving the food at the dog's eyelevel. That is convenient, easy on the back, and improves the messy table manners of eager eaters. The best news last: less flatulence.

Tierärzte empfehlen, das Futter auf Augenhöhe des Hundes zu servieren. Das ist bequem und rückenschonend und verbessert schlampige Tischmanieren von gierigen Fressern. Und die beste Nachricht zum Schluss: weniger Gase werden frei.

Des vétérinaires recommandent de servir les repas des chiens à hauteur des yeux. C'est confortable, cela ménage le dos et corrige les mauvaises manières à table des gourmands. Avantage suprême : réduction des flatulences.

I veterinari consigliano di servire il cibo all'altezza degli occhi del cane; così è più comodo mangiare, si evita il mal di schiena e si contribuisce a migliorare le terribili maniere di alcuni mangiatori voraci. E la cosa migliore: diminuiscono anche le flatulenze.

Los veterinarios aconsejan servir la comida a la altura de los ojos del perro. Es más cómodo y beneficioso para la espalda y mejora los malos modales de los voraces tragones. Y para acabar, la mejor noticia: se liberan menos gases.

Design with common dog sense. The height-adjustable "Ultimate Dog Bowl and Stand" from designers Alexandra and Henning von Schultzendorff wins over equally both hungry dogs and people of good taste.

Design mit gesundem Hundeverstand. Der höhenverstellbare „Ultimate Dog Bowl and Stand“ der Designer Alexandra und Henning von Schultzendorff überzeugt hungrige Hunde und geschmackvolle Menschen gleichermaßen.

Du design adapté aux chiens. L'« Ultimate Dog Bowl and Stand » à hauteur réglable, créés par Alexandra et Henning von Schultzendorff, convainc autant les chiens affamés que les humains ayant bon goût.

Design e buonsenso canino. L'"Ultimate Dog Bowl and Stand" di Alexandra e Henning von Schultzendorff, ad altezza regolabile, mette d'accordo cani affamati e persone di buon gusto.

Diseño con sentido común canino. El "Ultimate Dog Bowl and Stand" con altura regulable de los diseñadores Alexandra y Henning von Schultzendorff convence tanto a los perros hambrientos como a las personas de buen gusto.

Candlelight Dinner. Four-legged diners at "Frizzis" can sniff out what they want on a special smell menu. Perhaps beef — or tripe tartar as hors d'œuvre? As main course, trachea with potatoes, some vegetables with the pig's ear for Madame? Excellent choice …

Candlelight-Dinner. Auf einer speziellen Riechspeisekarte können die vierpfotigen Gäste bei „Frizzis" erschnüffeln, worauf sie Lust haben. Vielleicht Rinder- oder Pansentartar als Vorspeise? Als Hauptgericht Luftröhre mit Kartoffeln, zum Schweineohr etwas Gemüse für die Dame? Bitte sehr, die Herrschaften …

Dîner aux chandelles. La carte odorante de « Frizzis » permet aux clients de choisir plus facilement leurs plats. Un tartare de bœuf ou de panse en entrée ? Une portion de trachée garnie de pommes de terre en plat de résistance ? Pour Madame, quelques légumes avec les oreilles de cochon ? À votre service, messieurs dames.

A lume di candela. Da "Frizzis" gli ospiti a quattro zampe possono scegliere il piatto preferito da uno speciale menù olfattivo. Tartara di manzo o di trippa come antipasto? E come piatto principale colli con patate, per la signora verdura di contorno alle orecchie di maiale? Prego, buon appetito …

Cena a la luz de las velas. Los clientes de "Frizzis" pueden olfatear en una carta aromática especial qué es lo que les apetece. ¿Para empezar quizá tartar de ternera o de callos? ¿De segundo, traquea con patatas? y para la señora, ¿algo de verdura con la oreja de cerdo? Por favor, señores …

Chef de Cuisine Gerhard Köcher with an impatient guest. Practical for gourmet tours — a fold-up bowl, in case the eyes were bigger than the stomach.

Chef de Cuisine Gerhard Köcher mit einem ungeduldigen Gast. Praktisch auf Gourmetreisen: ein faltbarer Napf, falls die Augen größer waren als der Magen.

Le chef de cuisine Gerhard Köcher avec un client impatient. Pratique lors d'un voyage gastronomique : une écuelle pliable au cas où les yeux seraient plus grands que le ventre.

Lo chef de cuisine Gerhard Köcher con un ospite impaziente. Comoda in viaggi gastronomici una ciotola pieghevole, se le porzioni erano molto abbondanti.

El chef Gerhard Köcher con un huésped impaciente. Muy práctico en los viajes de gourmet: un comedero plegable por si los ojos "tenían más hambre" que el estómago.

FRIZZI's
Hundebistr
Pansentatar, Rindertatar
deplätzchen mit Chips Rote Grü
filet in Streifen, Rehfilet in Streife

ANGEBOT !
MOPS

Land of Plenty. Everything is baked fresh daily at "Ally & Dotty". The elegant counter is stocked with a huge selection of cookies; everywhere there are baskets full of food packed with loving care. No doubt about it, dogs have managed to be taken seriously as a customer.

Schlaraffenland. Bei „Ally & Dotty" in Berlin wird täglich frisch gebacken. Die elegante Ladentheke ist mit einer riesigen Auswahl von Keksen bestückt, überall stehen Körbe mit liebevoll verpackten Lebensmitteln. Kein Zweifel: Hunde haben es geschafft, als Kunden ernst genommen zu werden.

Pays de Cocagne. « Ally & Dotty », à Berlin, ne vend que des produits faits le jour même. L'élégant comptoir regorge de gâteaux secs. Sur les plateaux étagés : des aliments conditionnés avec amour. Les chiens se sont imposés en tant que clients à prendre au sérieux.

Il paese della cuccagna. Da "Ally & Dotty" a Berlino tutto è preparato fresco di giornata. L'elegante bancone ospita un'incredibile varietà di biscotti, dappertutto cesti con cibarie accuratamente confezionate. Ormai è chiaro: i cani sono riusciti a farsi prendere in considerazione come clienti.

País de jauja. En "Ally & Dotty" de Berlin se hornea todos los días. El elegante mostrador dispone de una inmensa selección de galletas, por todas partes hay cestos llenos de alimentos amorosamente empaquetados. Sin duda los perros han conseguido que los tomen en serio como clientes.

HUNDE-Menüs

SUPPEN:

Klare Brühe mit Nudeln und Gemüse
oder
Geflügel- Cremesuppe

HAUPTGERICHTE:

Gedünstetes Fischfilet mit feinen, mehligen Kartoffeln
und geriebenen rohen Karotten

*

Lammhaxerl gebraten
dazu Wildreis und Erbsen

*

Hack- Kartoffelpflanzerl
an feiner Natursauce

*

Rindfleisch gekocht mit Gemüse,
dazu Kartoffeln

*

Putenbrust gebraten,
mit Nudeln und Karotten serviert

DESSERTS:

Hausgemachte Hundekekse mit Leber und Ei
oder
Getrocknete Hähnchenmägen

Sehr geehrte Gäste
Diese Menüs bereiten wir gerne für Ihren Liebling zu, wir bitten darum, einen Tag vorher zu bestellen !!!!!
Die Portionen sind ca 300 Gramm schwer und können gerne größer angeboten werden. Benötigen Sie kleinere Portionen, so teilen wir ein Menü gerne nach Ihren Wünschen auf !!!
ALLE ZUBEREITUNGEN OHNE GEWÜRZE UND SALZ.
AUF WUNSCH GERNE MIT GRÜNER MINERALERDE , KNOBLAUCH UND DORSCH- LEBERTRAN VERSETZT.

HOTEL HERZOG TASSILO
BAD GRIESBACH

The elegant feeding bowl with lid is presentable in every five-star hotel.

Der elegante Fressnapf mit Deckel kann sich in jedem Fünf-Sterne-Hotel sehen lassen.

L'élégante écuelle à couvercle est à la hauteur de tous les hôtels cinq étoiles.

L'elegante ciotola con coperchio non sfigurerebbe in alcun hotel a cinque stelle.

El elegante comedero con tapa es apto hasta para un hotel de cinco estrellas.

A treat for every dog that know what he likes are the hand-turned and glazed feeding bowls of heavy ceramic from the "Mein Napf" design factory.

Ein willkommenes Fressen für jeden geschmacksicheren Hund sind die handgedrehten und -glasierten Futternäpfe aus schwerer Keramik aus der Designmanufaktur „Mein Napf".

Pour que le chien de bon goût mange avec plaisir : des écuelles en céramique tournées et vernissées main, créées par l'atelier « Mein Napf » (Mon écuelle).

I cani di buon gusto apprezzeranno le scodelle fatte a mano in pesante ceramica invetriata della manifattura "Mein Napf".

Un bocado bien recibido por todos los canes de buen gusto son los comederos de gruesa cerámica, torneados y esmaltados a mano en la manufactura de diseño "Mein Napf".

On request, the charming one-of-a-kind originals can be signed with the dog's name. In a little workshop in Odenwald, Germany, the two owners have dedicated themselves "with heart and soul" to the dog bowl.

Die charmanten Unikate werden auf Wunsch mit dem Namen des Hundes signiert. In der kleinen Werkstatt im Odenwald widmen sich die beiden Besitzerinnen „mit Leib und Seele" dem Futternapf.

Sur demande : le nom du chien est gravé à la main sur les charmantes pièces uniques. Les deux propriétaires d'un petit atelier de la région de l'Odenwald, en Allemagne, se consacrent corps et âme à l'écuelle.

Deliziosi pezzi unici, a richiesta con il nome del cane. Le due proprietarie del piccolo laboratorio a Odenwald si dedicano "anima e corpo" alla scodella per cani.

Las encantadoras piezas únicas se firman, si se desea, con el nombre del perro. Las dos propietarias del pequeño taller de Odenwald se dedican al comedero "con cuerpo y alma".

Lifestyle

Vacation Time | Festivals

Ferienzeit | Festivals

Vacances | Festivals

Vacanze | Festival

Vacaciones | Festivales

Vacation without the dog is no vacation. Dog travel agents are springing up like mushrooms worldwide, making it easier for dog lovers to make plans. According to our research, the nicer the hotel, the more dog-friendly they are.

Ferien ohne Hund sind keine Ferien. Hundereisebüros sprießen weltweit wie Pilze aus dem Boden und erleichtern Hundefreunden die Planung. Nach unseren Recherchen gilt die Devise: je schöner das Hotel, desto hundefreundlicher.

Des vacances sans chien ne sont pas des vacances. Les agences de voyage pour chiens poussent partout comme des champignons et facilitent le planning des maîtres. Résultat de nos recherches : plus un hôtel est beau, meilleur est l'accueil des chiens.

Le vacanze senza cane non sono vere vacanze. In tutto il mondo nascono come i funghi agenzie di viaggi dedicate ai quattrozampe, che facilitano al programmazione ai veri cinofili. Le nostre ricerche confermano che i migliori hotel sono anche quelli più amanti dei cani.

Vacaciones sin perro no son vacaciones. Oficinas de viajes con perro surgen como setas y facilitan la planificación a los amigos de los canes. Según nuestras propias investigaciones impera este lema: cuanto más hermoso es un hotel, mejor tratan a los perros.

Vacation Time | Festivals

Dogs have a seventh sense for signs of an impending separation. They know that someone's leaving and where they're going before the people themselves know for sure. Some dogs will sit for hours in the suitcase and hope to go unnoticed, hidden among the beachwear and swim trunks. Others get their toys and whatever else is needed in foreign parts and pack their own travel bag. At any rate, every dog makes itself as sweet and delightful as possible prior to an immanent departure: it assumes a precautionary look of deep sadness and arranges its face as best it can in dramatic, sorrowful folds — until saved by the words, "Oh, all right. You can come, too."

Seventy percent of all dog owners take their dogs with them on vacation according to "American Animal Hospital Association" statistics. They do so because their pet has broken their hearts, because it's part of the family — and because it has never been easier to travel with a dog. Many good hotels now cater to four-legged guests and offer everything that a normal dog had never ever before dared to dream of, from animal videos, pet toys and gourmet treats, all the way to wellness programs with paw massages, aromatherapy, and dog-walking.

Summer camps for two and four-legged campers in the great outdoors are a new popular alternative form of vacation. From sunrise to sunset everything is done together — playing, swimming, training, relaxing and partying. And it is left to the individuals whether they want to herd sheep, run a race or take a canine dance course.

More and more people like you and me are booking vacations fit for dogs. As a result, travel agents have specialized in walking tours over hill and dale and organize canoe trips and romantic nights under the starry skies. Some airlines pass out carrot cookies and cuddly blankets at their check-in counters; gas stations, mindful of canine hospitality, have opened dog bars and fenced-in dog runs next to the highway. A rewarding pastime for dog and owner alike are international dog shows — for example the "Crufts" in Birmingham with 25,000 dogs from 32 countries, or a festival — like the "h.und" in Upper Bavaria or the Trondheim Meeting in Heimdal, Sweden — all worth a trip for two.

There is even no reason for those of our barking buddies to be depressed who are left to stand alone on their own four paws while their masters and mistresses are off on vacation. Many boarding kennels — once dreaded as super-HTLDI (highest tolerable level of disloyalty and injustice) — long since meet the standards of a 5-star hotel. The "Paw Seasons Hotel" in Bristol, England, for example, offers in-house pools, sand piles for burying bones and daily updates by WebCam to inform the owners about the weal and woe of their little darlings. Paradise now ...

Location for top-dogs: www.masseriamontelauro.it

Ferienzeit | Festivals

Hunde haben einen siebten Sinn für Abschiedssignale. Sie wissen, dass und wohin verreist wird, bevor man es selbst so recht weiß. Manche sitzen stundenlang im Koffer und hoffen, unter Strandkleidchen und Badehosen nicht weiter aufzufallen. Andere holen ihr Spielzeug und was man sonst noch in der Fremde braucht und packen ihre eigene Reisetasche. Auf jeden Fall macht sich jeder Hund vor einer drohenden Abreise so herzig wie möglich, schaut vorsorglich tieftraurig und legt das Gesicht so gut er kann in dramatische Dackelfalten. Bis ihn endlich die Parole „Du darfst ja mitkommen" erlöst.

70 % aller Hundebesitzer nehmen ihren Hund mit in die Ferien, so eine Statistik der „American Animal Hospital Association". Sie tun es, weil er ihnen das Herz gebrochen hat, weil er zur Familie gehört – und weil es noch nie einfacher war, mit ihm unterwegs zu sein. Viele gute Hotels haben sich auf vierbeinige Gäste eingestellt und bieten von Tiervideos, Spielzeug und Gourmet-Leckereien bis zu Wellness-Programmen mit Pfötchenmassage, Aromatherapie und Dog-Walking alles, was ein normaler Hund noch nie zu träumen wagte.

Sommercamps für Zwei- und Vierbeiner in freier Natur sind eine neue, populäre Urlaubsvariante. Von Sonnenaufgang bis Abenddämmerung wird zusammen gespielt, geschwommen, trainiert, relaxt, gefeiert. Wobei jedem selbst überlassen bleibt, ob er lieber Schafe hüten, um die Wette rennen oder einen Hundetanzkurs besuchen will.

Urlaub nach Hundegeschmack buchen immer mehr Menschen wie du und ich. Also haben sich Reiseagenturen auf gemeinsame Wanderungen über Stock und Stein spezialisiert oder organisieren Kanufahrten und romantische Nächte unterm Sternenhimmel. Einige Fluggesellschaften verteilen am Check-in-Schalter Karottenkekse und Kuscheldecke, Tankstellen besinnen sich auf ihre Hundegastfreundlichkeit mit Hundebar und eingezäuntem Auslauf neben der Autobahn. Ein lohnender Zeitvertreib für Hund und Halter sind dog shows – etwa die „Crufts" in Birmingham mit 25 000 Hunden aus 32 Ländern, auch ein Festival – wie die „h.und" in Oberbayern oder das Trondheim-Meeting im schwedischen Heimdal – ist eine gemeinsame Reise wert.

Kein Grund zur Trauer besteht für unsere bellenden Freunde, die in der Freizeit ihrer Herren und Gebieterinnen auf eigenen Pfoten stehen müssen. Hundepensionen – einstmals als Super-GaUU gefürchtet (größte anzunehmende Untreue und Ungerechtigkeit) – haben inzwischen Standards von 5-Sterne-Hotels. Das „Paw Seasons Hotel" in Bristol, England bietet beispielsweise eigene Pools, einen Sandhaufen zum Knochenverbuddeln und informiert die fernen Besitzer täglich per Web-Cam über Wohl und Wehe ihres Lieblings. Paradise now …

Sea dogs. Most vacation guests are happy when the water is close by. Same goes for our four-legged friends.

See-Hunde. Die meisten Feriengäste sind glücklich, wenn Wasser in der Nähe ist. Das gilt auch für Vierbeiner.

Des chiens à la mer. La plupart des vacanciers recherchent la proximité de l'eau. Cela vaut aussi pour nos amis à quatre pattes.

Cani di mare. La maggior parte dei turisti sono felici di avere l'acqua nelle vicinanze, e lo stesso vale per i cani.

Perros de agua. La mayoría de los veraneantes son felices si hay agua cerca. Lo mismo ocurre con los canes.

Vacances | Festivals

Les chiens ont un septième sens pour capter des indices de départ. Ils savent qu'un voyage est en projet et en connaissent la destination bien avant le maître lui-même. Certains patientent un temps infini dans la valise avec l'espoir de ne pas attirer l'attention au milieu des robes de plage et des maillots de bain. D'autres remplissent eux-mêmes leur sac de tout ce dont on a besoin dans un pays lointain, sans oublier leur jouet favori. Quoi qu'il en soit, le chien se fait le plus gentil du monde face à un départ imminent, implore du regard, la gueule toute plissée de tristesse, jusqu'à ce que tout s'arrange enfin avec le libérateur « mais oui, tu viens avec moi ».

Selon les statistiques de l'« American Animal Hospital Association », 70 % des maîtres emmènent leur chien en vacances. Parce qu'il leur a fendu le cœur – après tout, c'est un membre de la famille à part entière, et parce qu'il n'a jamais été aussi facile de voyager avec son chien. Bien des hôtels ont adapté le service à leur clientèle canine : DVD, jouets, nourriture délicate, programme wellness avec massages des papattes, aromathérapie et dogwalking – de quoi faire rêver le Clochard de Walt Disney !

Les camps d'été en pleine nature pour deux offrent une alternative de vacances très populaire. De l'aube au crépuscule, on joue, on nage, on fait de l'exercice physique, on se détend et on fête ... ensemble. Libre à chacun de préférer garder les moutons, faire une course contre la montre ou s'inscrire à un cours de danse canine.

De plus en plus de gens comme vous et moi choisissent un forfait-vacances au goût de leur chien. Des agences de voyages se sont donc spécialisées dans les randonnées en tandem à travers champs, les virées en canoë ou les nuits romantiques au clair de lune. À l'embarquement, certaines compagnies aériennes distribuent des biscuits aux carottes et des couvertures douillettes. Des stations-service soignent leur accueil en proposant des bars pour chiens et des enclos leur permettant de se dégourdir les pattes. Le chien et son maître peuvent se distraire en regardant des concours canins, comme les « crufts » de Birmingham avec 25 000 spécimens de 32 pays, ou des festivals, comme le « h.und » en Haute-Bavière, ou encore les Journées de Trondheim, dans le canton de Heimdal en Suède.

Nos amis dotés de l'aboiement n'ont plus aucune raison de se sentir délaissés pendant que leur maître et ses conquêtes s'adonnent à des loisirs humains. Redoutées jadis pour leurs manquements extrêmes, les pensions canines s'alignent aujourd'hui sur les hôtels 5 étoiles. Ainsi, le « Paw Seasons Hotel » de Bristol, Angleterre dispose de plusieurs piscines réservées aux chiens et d'un tas de sable pour enterrer les os, et les maîtres sont quotidiennement informés par webcam du bien-être ou des bobos du toutou. Le Paradis sur terre.

"h.und" Festival, Upper Bavaria.

Vacanze | Festival

I cani hanno un settimo senso per gli addii. Sanno che si parte e dove si va ancora prima che noi stessi lo sappiamo con certezza. Alcuni stanno seduti per ore nella valigia e sperano di passare inosservati, nascosti sotto prendisole e costumi da bagno. Altri raccolgono i propri giocattoli e quanto serve in un luogo estraneo e preparano i bagagli. Quando incombe una partenza tutti i cani diventano affettuosissimi, assumono per sicurezza un'espressione desolata e atteggiano il muso per quanto possono a un'espressione drammatica. Fino a che non arriva la sentenza di assoluzione "Puoi venire anche tu".

Secondo una statistica della "American Animal Hospital Association" il 70 % dei padroni di cani porta il proprio animale con sé in vacanza. Lo fanno perché spezza il cuore lasciarlo a casa, perché fa parte ormai della famiglia, e perché mai come oggi è stato facile viaggiare con il cane. Molti hotel si sono adeguati alle richieste degli ospiti a quattro zampe e offrono video di animali, giocattoli e leccornie da gourmet, insieme a programmi di wellness come massaggio delle zampe, aromaterapia, *dogwalking* e quanto nessun cane normale avrebbe mai osato immaginare.

Una nuova e apprezzata variante per le ferie sono i campi estivi nella natura per bipedi e quadrupedi. Dall'alba al tramonto si fa tutto insieme: gioco, nuoto, training, relax e divertimento. E si è liberi di scegliere se privilegiare il riposo, custodire un gregge di pecore, partecipare alle gare di corsa o seguire un corso di ballo per cani.

Sono sempre più numerosi i turisti normali che cercano vacanze a misura di cane; anche le agenzie di viaggi si sono specializzate in escursioni insieme nella natura incontaminata, oppure organizzano gite in canoa e romantiche notti all'aperto sotto il cielo stellato. Alcune compagnie aeree distribuiscono biscottini alla carota e copertine al check-in, le aree di servizio autostradali scoprono l'ospitalità e offrono bar per cani e zone recintate per sgranchirsi le zampe. Un passatempo redditizio per cani e padroni sono le mostre canine, come ad esempio "Crufts" di Birmingham, cui partecipano 25 000 cani provenienti da 32 paesi, ma anche i festival, come "h.und" in Oberbayern o il "Trondheim-Meeting" di Heimdal, in Svezia, valgono il viaggio.

Tuttavia, anche i nostri amici a quattro zampe che devono arrangiarsi da soli durante le ferie dei padroni non dovranno abbandonarsi alla tristezza. Le pensioni per cani, un tempo di pessima fama e note per la loro inaffidabilità, hanno ormai raggiunto gli standard degli hotel a cinque stelle. Il "Paw Seasons Hotel" di Bristol in Inghilterra, ad esempio, dispone di piscina privata, mucchi di sabbia in cui seppellire gli ossi, e *webcam* per informare quotidianamente i padroni lontani dello stato d'animo del loro beniamino. *Paradise now* ...

"Su'ruff Camp", Loews Hotel in San Diego (left).

Vacaciones | Festivales

Los perros tienen un sexto sentido para las señales de despedida. Saben que se va a viajar y adonde incluso antes que uno mismo. Algunos se sientan durante horas en la maleta y esperan pasar desapercibidos entre los vestidos de playa y los bañadores. Otros recogen su juguete y todo aquello que uno necesita por el mundo y hacen su propia bolsa de viaje. En cualquier caso, ante la amenaza de viaje todo perro se hace lo más entrañable posible, mira preocupado con aire de gran tristeza y dentro de sus posibilidades arruga la cara dramáticamente como un perro salchicha. Hasta que por fin escucha la frase salvadora "Tú también vienes".

Según una estadística de la "American Animal Hospital Association", el 70 % de los amos se lleva a su perro de vacaciones. Lo hacen porque les parte el corazón, porque forma parte de la familia –y porque nunca había sido tan fácil como hoy viajar con él. Muchos buenos hoteles se han adaptado a los huéspedes de cuatro patas y ofrecen desde videos de animales, juguetes y delicias de gourmet, hasta programas de bienestar con masajes de patas, aromaterapia y *dogwalking*; todo lo que un perro normal nunca se había atrevido a soñar.

Una nueva y popular versión de veraneo son los campamentos de verano para dos piernas y cuatro patas en plena naturaleza. Desde la salida del sol hasta el ocaso se juega juntos, se nada, se entrena, se relaja y se festeja, dejando al gusto de cada cual si se prefiere cuidar ovejas, participar en carreras o tomar parte en un curso de baile con perro.

Cada vez son más las personas como tú y yo que reservan vacaciones al gusto del can. Así que las agencias de viaje se han especializado en excursiones de senderismo conjuntas por el monte y por el llano u organizan rutas en piragua y románticas noches bajo el cielo estrellado. Algunas compañías aéreas reparten en el mostrador de facturación galletas de zanahoria y mantas de viajes, las gasolineras toman parte en la hospitalidad canina poniendo a disposición platos con agua y recorridos vallados junto a la autopista. Un lucrativo pasatiempo para perros y amos son los *dog shows*, por ejemplo los "Crufts" de Birmingham con 25 000 perros de 32 países, también un festival–como el "h.und" en la Alta Baviera o el "Trondheim-Meeting" en la localidad sueca de Heimdal– merece un viaje juntos.

Pero tampoco existe motivo de queja para nuestros amigos ladradores que han de valerse por sí mismos durante el ocio de sus amos y amas. Las pensiones caninas, consideradas en tiempos la mayor injusticia y falta de lealtad imaginables de cara a un perro, han adquirido entre tanto categoría de hoteles de cinco estrellas. El "Paw Seasons Hotel" de Bristol, en Inglaterra, ofrece por ejemplo piscina propia y un montón de arena para escarbar huesos y además dispone de *web-cam* para informar diariamente al dueño en la distancia sobre los avatares de su querido amigo. *Paradise now …*

Already checked in? The bridal couple pant at each other in the love hotel "Love Pet Friday" in Rio de Janeiro; the Retriever is stopping at the animal hotel "Beelitz". He probably won't be alone for long.

Schon eingecheckt? Das Brautpaar hechelt sich im Liebeshotel „Love Pet Friday" in Rio de Janeiro an, der Retriever macht Station im Tierhotel „Beelitz". Er wird sicher auch nicht lang allein bleiben.

Déjà enregistrés ? Des jeunes mariés arrivent haletants à l'hôtel « Love Pet Friday », à Rio de Janeiro. Le retriever fait une étape au « Beelitz », un hôtel pour animaux. Il ne restera probablement pas longtemps seul.

Già fatto il check-in? La coppia di sposi ansimanti si trova nel romantico hotel "Love Pet Friday" di Rio de Janeiro, mentre il Retriever fa una sosta presso l'hotel per animali "Beelitz". Di certo non rimarrà a lungo senza compagnia.

¿Tramitada la inscripción? La pareja de novios se jadea mutuamente en el hotel del amor "Love Pet Friday" en Río de Janeiro, el retriever hace escala en el hotel para animales "Beelitz". Tampoco él estará mucho tiempo sólo.

Stop
y For D

Disneyland for dog lovers. Shared activities with many like-minded two and four-legged campers at the "h.und" festival in Upper Bavaria.

Disneyland für Hundeliebhaber. Gemeinsame Aktivitäten mit gleichgesinnten Vier- und Zweibeinern auf dem Festival „h.und" in Oberbayern.

Un Disneyland pour les amis des chiens. Des activités communes pour congénères à quatre et deux pattes au Festival « h.und » en Haute-Bavière.

Disneyland per gli amanti dei cani. Attività in comune con tanti altri bipedi e quadrupedi dagli stessi interessi al festival "h.und" in Alta Baviera.

Disneylandia para amigos de los perros. Compartir actividades con congéneres de cuatro patas y dos piernas en el festival "h.und" en Alta Bavaria.

From serious obedience training to frivolous costume parties, from tail-wagging competitions to nutritional counseling, everything is offered at the "Camp Gone to the Dogs" in Vermont, USA.

Vom seriösen Gehorsams-Training bis zur frivolen Kostümparty, vom Schwanzwedelwettbewerb bis zur Ernährungsberatung wird im „Camp gone to the dogs" in Vermont, USA, alles geboten.

Dressage, bal costumé, concours « Qui remuera le mieux la queue ? », diététique, etc. Le « Camp gone to the dogs » dans le Vermont, USA, propose toutes sortes de services.

Il "Camp gone to the dogs" del Vermont, USA, offre di tutto: dai più severi training di obbedienza alle frivole feste in costume, dalla gara di scodinzolamento alle consulenze dietologiche.

Del serio entrenamiento en obediencia hasta la frívola fiesta de disfraces, del concurso de meneo de cola al asesoramiento en dietética, en el "Camp gone to the dogs" de Vermont, EEUU, se ofrece de todo.

Tally ho! Dogs can smell about a million times better than humans, see longer at twilight and locate sources of sound in three dimensions. Humans have been taking advantage of this superiority since time immemorial for hunting. Bloodhounds have the world's best dog noses, by the way.

Halali. Der Hund kann etwa eine Million mal besser riechen als der Mensch, in der Dämmerung viel länger sehen und Geräuschquellen dreidimensional orten. Diese Überlegenheit nutzt der Mensch seit Urzeiten für die Jagd. Die weltbeste Hundenase hat übrigens der Bluthund.

Hallali. Le chien voit beaucoup plus loin au crépuscule que l'humain. Son odorat est un million de fois supérieur au nôtre et il peut localiser les bruits sur trois dimensions. Depuis la nuit des temps, l'homme met ces propriétés canines à profit pour chasser. Le meilleur flair est attribué au limier.

Halali. Il fiuto del cane è un milione di volte migliore di quello dell'uomo; al crepuscolo il cane vede molto più a lungo e sa localizzare le fonti sonore a tre dimensioni. Per questa sua superiorità sensoriale sin dalla preistoria l'uomo si fa aiutare dal cane nella caccia. Il naso più fino del mondo canino è quello del Bloodhound.

Halalí. El perro puede olfatear un millón de veces mejor que el hombre, ve mucho más lejos en la oscuridad y localiza tridimensionalmente el origen de los olores. Desde la prehistoria el hombre ha utilizado esta capacidad para la caza. Por cierto el mejor olfato del mundo es el del braco.

Swedish evolutionary biologists are convinced that the first dog was born as early as 135,000 years ago, making it about 10 times older that assumed up till now. *(source: the technical journal "Science")*

Schwedische Evolutionsbiologen sind überzeugt, dass der Urhund bereits vor 135 000 Jahren geboren wurde, womit er rund 10mal älter wäre als bislang angenommen. *(Quelle: Fachzeitschrift „Science")*

Selon des biologistes évolutionnistes suédois, l'apparition de l'espèce canine remonterait à 135 000 ans. Elle serait donc 10 fois plus vieille que ce que l'on croyait jusqu'ici. *(Source : revue spécialisée « Science »)*

I biologi evoluzionisti svedesi sono convinti che i primi cani siano comparsi circa 135 000 anni fa, dieci volte prima di quanto supposto finora. *(Fonte: Rivista "Science")*

Biólogos evolutivos suecos están convencidos de que el perro primitivo nació hace 135 000 años, con lo que sería diez veces más viejo de lo que se suponía hasta ahora. *(Fuente: revista especializada "Science")*

Who is who? Through its social adaptability, the dog is linked to man in the most diverse ways. But be wary of anthropomorphization!

Wer ist wer? Durch seine soziale Anpassungsfähigkeit ist der Hund auf vielfältigste Weise mit dem Menschen verbunden. Vor Vermenschlichung wird aber gewarnt.

Qui est qui? Sa faculté d'adaptation sociale relie de diverses manières le chien à l'humain. Attention au risque d'identification humaine.

Cane o uomo? Per la sua adattabilità sociale il cane si è legato all'uomo in un rapporto dalle infinite sfumature. Attenzione però a non eccedere nell'umanizzazione.

¿Quién es quién? Con su capacidad de adaptación social,el perro está vinculado a la persona de los modos más diversos.

COLIN DEXTER
IMPRESSIONISTS
PRE-RAPHAELITES

Open end. Common undertakings while on vacation will bring you and your dog closer together. When do you otherwise have enough time to spend quality time with your dog?

Open end. Gemeinsame Unternehmungen im Urlaub lassen Mensch und Tier eng zusammenrücken. Denn wann hat man im Alltag schon genug Zeit, sich ausgiebig seinem Hund zu widmen?

Tout le temps du monde ... Des activités communes en vacances rapprochent considérablement l'humain et le chien. Quand, en effet, le quotidien laisse-t-il le loisir de se consacrer intensivement à son compagnon ?

Open end. Le esperienze comuni della vacanza avvicinano l'uomo al suo compagno a quattro zampe. Chi ha il tempo nella vita quotidiana di dedicarsi ampiamente al proprio cane?

Open end. Actividades conjuntas en vacaciones estrechan lazos entre la persona y el animal. Pues, ¿quién tiene tiempo suficiente en la vida diaria para dedicarse a fondo a su perro?

"**... how gracefully** he climbs to the summit despite life in the big city; how attentively he sniffs out the wilderness ... hiking with a dog is simply the peak of emotions," rhapsodizes the backpacking expert Martin Rösler.

"**...Wie galant** er trotz Großstadtleben die Gipfel erklimmt, wie aufmerksam er die Wildnis erschnuppert ... Wandern mit dem Hund ist einfach der Gipfel der Gefühle", schwärmt der Wanderexperte Martin Rösler.

« **Il gravit** aisément les sommets malgré sa vie urbaine, renifle avec curiosité la nature. Marcher avec son chien, c'est le summum de l'émotion ». Le spécialiste en randonnées Martin Rösler ne tarit pas d'éloges.

"**...Con quale eleganza** conquista la cima, nonostante la vita nella grande città, con quale attenzione fiuta la natura selvaggia... il trekking con il cane è l'apice delle emozioni", scrive l'esperto escursionista Martin Rösler.

"**...Con que gentileza** trepa a la cumbre a pesar de la vida en la gran ciudad, con que atención olfatea la agreste naturaleza ... el senderismo con el perro es la cima de las sensaciones", exclama entusiasmado el experto senderista Martin Rösler.

Objects

Collectors' Items | Originals

Sammlerstücke | Originale

Collections | Originaux

Pezzi da collezione | Originali

Piezas de colección | Objetos originales

Charming knick-knacks of fine porcelain score high prices at auctions. The Windsor collection with over 40,000 Pug devotional objects changed hands in the 1990s at a "Pug Party" auction.

Charmanter Nippes aus feinem Porzellan erzielt auf Auktionen hohe Preise. Die Sammlung Windsor mit über 40.000 Mops-Devotionalien wechselte in den 90er Jahren auf einer Auktion mit „Pug Party" die Besitzer.

De jolis bibelots en porcelaine atteignent des prix record aux enchères. Dans les années 90, la collection Windsor (plus de 40 000 objets-culte) a changé de propriétaire lors d'une vente aux enchères suivie d'une « Carlin party ».

Nelle aste i soprammobili di porcellana raggiungono quotazioni notevoli. La raccolta Windsor, comprendente oltre 40 000 pezzi dedicati ai Carlini, è stata venduta negli anni '90 durante un'asta con "Pug Party".

Los encantadores bibelots de porcelana fina alcanzan elevadas sumas en las subastas. La colección Windsor con más de 40 000 artículos dedicados a los carlinos cambió de dueños en los 90 en una subasta con "pug party".

Collectors' Items | Originals

Dogs are simply beautiful. Their figures embody grace and elegance. Their proportions are perfect in form. Their looks mobilize our emotions. Their paws grab us by the heart and their tails wag away our cares. And before you know it, whoever has a mortal dog soon possesses its immortal doppelganger as well. A Pekinese of fine porcelain is sitting on the windowsill; a teapot with the floppy ears of a Spaniel is on the table. A robust doormat in imitation of a Poodle's coat is lying at the frontdoor. And then there are two, then three, then four … Especially susceptible to this wondrous multiplication of animals are the owners of Dalmatians and Pugs, be it from a self-inflicted collector's passion or as a result of well-minded gift-givers.

The good Lord really did achieve a miracle of masterly graphic design in creating the original black-and-white Dalmatian. This ideal model with a little help from His sorcerer's apprentice, Walt Disney has resulted in a flood of merchandising articles and cuddly animals that have washed up on the shores of the world. The expert recognizes in the Pug, on the other hand, an absurd charm and an irresistible mixture of intelligence and the courage to be ugly that stimulated many creative persons including Wilhelm Busch, Hoffmann von Fallersleben and Franz Anton Bustelli to create poems, songs and ingenious works of handicraft. For blue-blooded ladies, the snorting little prestige object was immortalized in all manner of fragile knickknack from Nymphenburg to Meissen porcelain. In the 18th century, the porcelain Pug was the emblem and secret identification sign for a Freemason's lodge named the "Order of the Pug."

Barbara and David Hays, who in 1967 brought home a couple of harmless little bronze and tin dogs, have carried their collecting mania to the extreme. Today their horde includes more than 7,000 pieces in over 100 categories and can be seen in the "World's Largest Dog Museum" north of Waco, Texas (www.antiquibles.com). Jo Ellen Arnold also began with a single porcelain dog. Now she is famous in dealer circles as the "Dog Lady" and lives outside of Washington in a small house with thousands of dog figurines. Knowledge is power, and — that also holds true for building up a dog collection. What's important is the way, the figurine looks and what it's made of, its rarity value, and the popularity of the breed.

The "Balloon Dog" by Jeff Koons is made of metal and more than 3 meters high.

Der „Balloon Dog" von Jeff Koons ist aus Metall und mehr als 3 Meter hoch.

Le « Balloon Dog » de Jeff Koons, est en métal et mesure plus de 3 mètres.

Il "Balloon Dog" di Jeff Koons è però metallo e supera i 3 metri di altezza.

El "Balloon Dog" de Jeff Koons es de metal y tiene 3 metros de alto.

Sammlerstücke | Originale

Hunde sind hübsch. Ihre Figur verkörpert Anmut und Eleganz, ihre Proportionen sind formvollendet. Ihr Blick mobilisiert unsere Emotionen, ihre Pfoten greifen uns ans Herz, ihr Schwanz wedelt unsere Sorgen fort. Und schon ist es passiert: Wer einen sterblichen Hund hat, hat bald auch dessen unvergänglichen Doppelgänger. Ein Pekinese aus feinem Porzellan sitzt auf der Fensterbank, eine Teekanne mit Spaniel-Schlappohren steht auf dem Tisch, ein robuster Fußabstreifer aus Pudelfell-Imitat liegt vor der Haustür. Und dann sind es zwei, dann drei, dann vier… Besonders anfällig für die wundersame Tier-Vermehrung sind Besitzer von Dalmatinern und Möpsen, sei es aus selbstverschuldeter Sammelleidenschaft oder als Opfer gutgemeinter Gastgeschenke.

Bei der Erschaffung des schwarz-weißen Musterexemplars „Dalmatiner" hat der liebe Gott tatsächlich eine grafische Glanzleistung vollbracht und damit – unterstützt von seinem Zauberlehrling Walt Disney – eine Flut von Fanartikeln und Schmusetieren an die Ufer der Welt gespült. Im Mops wiederum erkennt der Kenner einen absurden Charme, eine unwiderstehliche Mischung aus Intelligenz und Mut zur Hässlichkeit, die viele Kreative von Wilhelm Busch bis Hoffmann von Fallersleben und Franz Anton Bustelli zu Gedichten, Liedern und raffiniertem Kunsthandwerk anregte. Die Dame von Geblüt ließ das schnorchelnde Prestigeobjekt auf allerlei zerbrechlichem Nippes aus Nymphenburg oder Meissen verewigen, im 18. Jahrhundert war der Mops aus Porzellan die Symbolfigur und das geheime Erkennungszeichen einer Freimaurerloge namens „Mopsorden".

Auf die Spitze getrieben wurde die Sammelsucht von Barbara und David Hays, die 1967 einige harmlose Hündchen aus Bronze und Blech in ihr Heim holten. Heute umfasst die Sammlung mehr als 7 000 Exponate aus über 100 Kategorien und ist im „größten Hundemuseum der Welt" nördlich von Waco, Texas zu besichtigen (www.antiquibles.com). Mit einem einzigen Porzellanhund begann es auch bei der in Händlerkreisen berühmten „Dog Lady" Jo Ellen Arnold, die außerhalb von Washington in einem kleinen Haus mit tausenden von Hundeskulpturen zusammen lebt. Wissen ist Macht – das gilt natürlich auch für den Aufbau einer Hundesammlung. Wichtig dabei: Aussehen und Material der Figur, Seltenheitswert und Popularität der Rasse.

A sure instinct for personalities. The art is in finding the right proportions.

Fingerspitzengefühl für Persönlichkeiten. Die Kunst ist, die richtigen Proportionen zu finden.

Avec doigté, on exprime le caractère. Tout est une question de proportions.

Sensibilità tattile per vere personalità. L'arte di trovare le giuste proporzioni.

Sensibilidad especial para los caracteres. El arte consiste en encontrar las proporciones correctas.

Collections | Originaux

Le chien est un bel animal, élégant et parfaitement proportionné. Comment résister à son regard attendrissant ou à ses papattes plus ou moins délicates ? Il remue la queue, et voilà que nos soucis s'envolent. Il n'en faut pas plus à certains maîtres pour s'entourer du sosie immortel du petit compagnon mortel. Ici, un pékinois en porcelaine sur le rebord de la fenêtre ; là, sur la table, une théière-épagneul aux oreilles tombantes ; devant la porte, une imitation de robe de caniche comme paillasson. Tout commence avec un seul exemplaire. Suivent un deuxième, puis un troisième, un quatrième, etc. Une catégorie humaine semble particulièrement menacée par cette étrange manie : les propriétaires de dalmatiens et de carlins. Résultat d'une passion ? Bonnes intentions de l'entourage arrivant avec des cadeaux.

Lorsqu'il crée le premier spécimen de dalmatien au pelage noir et blanc, le Bon Dieu atteint la perfection de la forme. Walt Disney, son apprenti-sorcier, soulèvera plus tard un tel enthousiasme que des articles fétiches et animaux en peluche submergeront le monde entier. Pour le carlin, c'est son charme inexplicable, mélange d'intelligence fine et d'auto-enlaidissement courageux, qui attire les connaisseurs. De Wilhelm Busch à Hoffmann von Fallersleben et Franz Anton Bustelli, cette même qualité a inspiré bien des poésies, des chansons et des objets d'art raffinés. L'aristocratie du sexe féminin adorait les fragiles bibelots en porcelaine de Nymphenburg ou de Meissen, qui immortalisaient leur objet de prestige grognant. Au XVIIIe siècle, une loge franc-maçonnique appelée « Loge des Carlins » avait fait du carlin en porcelaine son symbole et son code secret.

Barbara et David Hays illustrent cette fièvre du collectionneur portée à son paroxysme : partis en 1967 d'un nombre insignifiant de figurines en bronze et en fer-blanc, ils possèdent aujourd'hui plus de 7 000 spécimens d'une centaine de catégories différentes, exposés au « plus grand musée canin du monde », au nord de Waco, au Texas. Jo Ellen Arnold, la « Dog Lady » des négociants en art, a débuté modestement, elle aussi. Cette collectionneuse dans l'âme vit dans une petite maison près de Washington, au milieu de milliers de pièces achetées aux puces pour une bouchée de pain. Qui dit connaissance dit puissance – cela vaut naturellement aussi pour les collectionneurs de chiens. À condition d'observer certains critères : esthétique et matière d'une figurine, sa rareté et la popularité de la race.

One of the most extensive animal menageries is in the Nymphenburg Porcelain Factory.

Eine der umfangreichsten Tier-Menagerien befindet sich in der Porzellan-Manufaktur Nymphenburg.

La manufacture de porcelaine de Nymphenburg possède l'une des plus grandes collections animalières.

Uno dei maggiori giardini zoologici si trova presso la manifattura di porcellane di Nymphenburg.

Una de las más amplias colecciones de figuras de animales está en la manufactura de porcelana Nymphenburg.

Pezzi da collezione | Originali

Il cane è un bell'animale: il corpo esprime grazia ed eleganza, le proporzioni sono perfette; lo sguardo sa commuoverci, le zampe ci toccano il cuore, e la coda spazza via scodinzolando tutte le nostre preoccupazioni. Ed ecco successo il guaio: chi possiede un cane mortale ne cerca ben presto un sosia imperituro. Sul davanzale della finestra siede un Pechinese di porcellana, sul tavolo è posata una teiera con le orecchie pendule da Cocker Spaniel, mentre un robusto zerbino dalle setole arricciate come un Barboncino accoglie gli ospiti davanti alla porta di casa. Si parte da uno e ben presto diventano due, tre, quattro ... Una particolare predisposizione per questa singolare moltiplicazione di animali sembra accomunare i padroni di Dalmata e Carlini, sia per loro stessa colpa, per il gusto del collezionismo, sia perché sono vittime dei regali di benintenzionati.

In effetti con la creazione del modello in bianco e nero "Dalmata" il buon Dio ha davvero compiuto un capolavoro grafico, e ha dato la stura – aiutato dall'apprendista stregone Walt Disney – a un'inondazione di gadget e peluche che ha invaso il mondo. Del Carlino invece l'intenditore apprezza il fascino dell'assurdo, una mescolanza irresistibile di intelligenza e coraggio nell'ammettere la propria bruttezza che ha ispirato artisti e creativi a comporre poesie, canzoni e a creare oggetti raffinati, da Wilhelm Busch a Hoffmann von Fallersleben e Franz Anton Bustelli. La dama di sangue blu faceva immortalare il simbolo di prestigio perennemente russante su fragili soprammobili e oggetti in porcellana di Nymphenburg o Meissen. Nel XVIII secolo il Carlino di porcellana era il simbolo e il segno segreto di riconoscimento per una loggia massone detta "ordine del Carlino".

La passione per il collezionismo ha raggiunto nuovi apici con Barbara e David Hays, che nel 1967 accolsero in casa un innocuo cagnolino di ottone e latta. La raccolta comprende oggi oltre 7 000 oggetti divisi in oltre 100 categorie ed è aperta al pubblico nel "più grande museo del cane del mondo", a nord di Waco in Texas (www.antiquibles.com). Anche Jo Ellen Arnold, "doglady" famosa fra gli addetti ai lavori, cominciò con un singolo cagnolino di porcellana; ora vive in una piccola casa nella periferia di Washington con migliaia di sculture dal soggetto canino. Sapere è potere – questa massima vale naturalmente anche per chi vuole cominciare a collezionare figure di cani. Fondamentali per il collezionista saranno l'aspetto estetico e il materiale di cui è fatta la figura, la rarità e la diffusione della razza rappresentata.

Dogs for domestic use. The talking robot dog "Aibo" and his robust friend "Benny Brush".

Hunde für den Hausgebrauch. Der sprechende Roboterhund „Aibo" und sein robuster Freund „Benny Brush".

Des chiens dans la vie domestique. « Aibo », le robot canin parlant et son robuste ami « Benny Brush ».

Cani per uso casalingo. Il cane robot parlante "Aibo" e il suo robusto amico "Benny Brush".

Perros para el uso doméstico. El parlante perro robótico "Aibo" y su robusto amigo "Benny Brush".

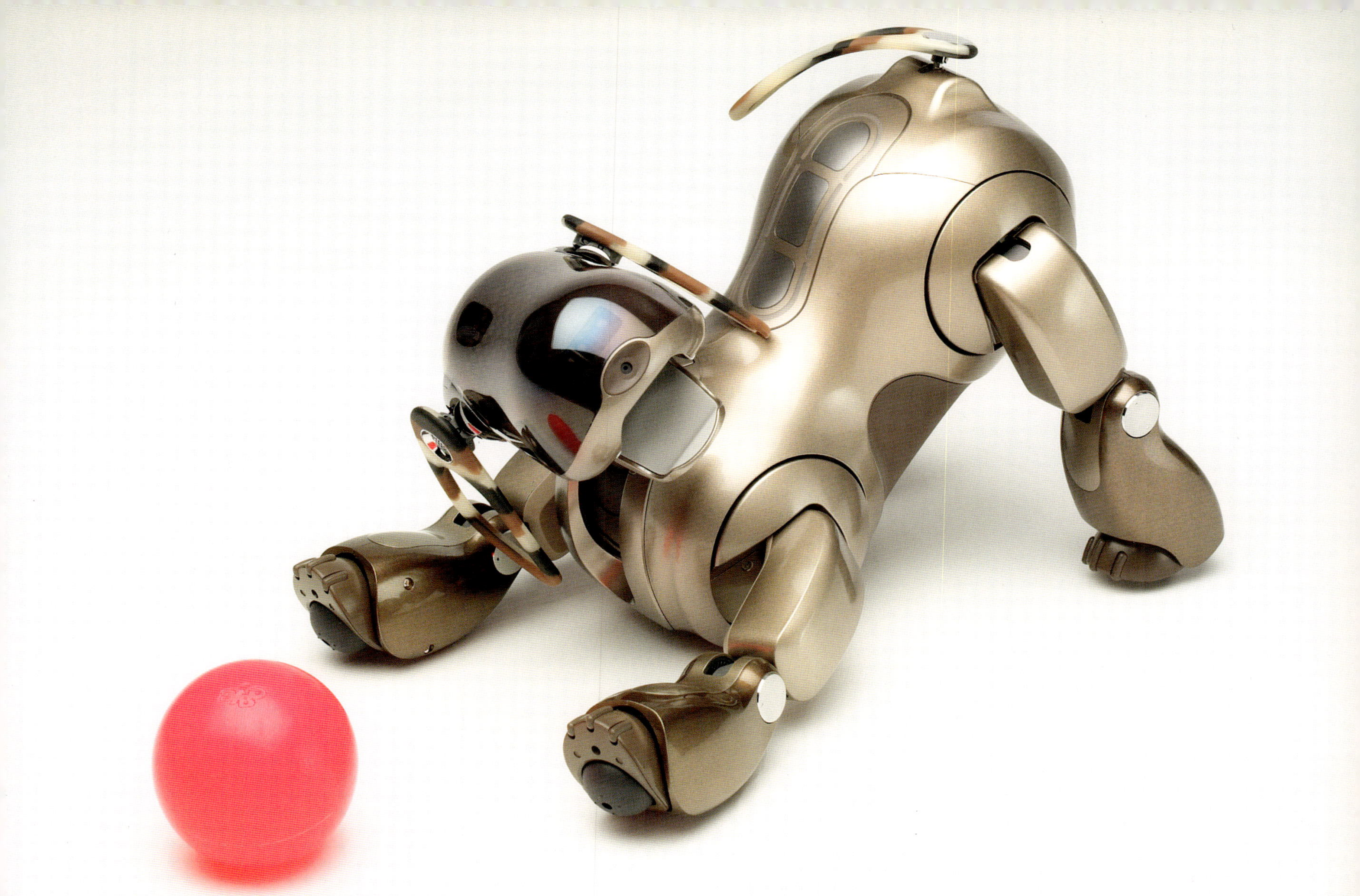

Piezas de colección | Objetos originales

Los perros son hermosos. Su figura personifica el garbo y la elegancia, sus proporciones son perfectas. Su mirada moviliza nuestras emociones, sus patas nos llegan al corazón, su cola barre nuestras preocupaciones. Y de repente, ocurre: quien tiene un perro mortal, pronto posee también sus dobles imperecederos. Un pequinés de fina porcelana se sienta en el alféizar de la ventana, sobre la mesa una tetera con un spaniel de orejas caídas, ante la puerta un resistente felpudo imitación de la piel de un caniche. Y luego son dos, después tres, luego cuatro … Especialmente proclives para esta milagrosa multiplicación de animales son los dueños de dálmatas y carlinos, ya sea a causa de la propia pasión coleccionista o como víctima de bienintencionados regalos de los huéspedes.

Con la creación del dálmata, modélico ejemplar en blanco y negro, el buen Dios consiguió todo un hito del grafismo y con ello, –apoyado por el aprendiz de mago Walt Disney– arrojó a la orilla del mundo toda una marea de artículos para aficionados y muñecos de peluche. En sentido opuesto, el experto reconoce en el carlino un encanto absurdo, una mezcla irresistible de inteligencia y valentía frente a la fealdad, que ha inspirado poemas, canciones y sofisticadas obras de artesanía a muchos creativos, desde Wilhelm Busch hasta Hoffmann von Fallersleben y Franz Anton Bustelli. La dama de alcurnia hacia perpetuar al resoplante objeto de prestigio sobre todo tipo de quebradizos bibelots, ya fueran de Nymphenburg o de Meissen, y en el siglo XVIII el carlino de porcelana era una figura simbólica y la contraseña secreta de una logia masónica llamada "Orden del carlino".

Al extremo llegó la pasión coleccionista de Barbara y David Hays, quienes en 1967 se llevaron a casa unos inofensivos perritos de bronce y hojalata. Hoy su colección abarca más de 7000 piezas en más de 100 categorías y se puede admirar en el "mayor museo del perro del mundo", al norte de Waco, Texas. (www.antiquibles.com). Con un único perro de porcelana empezó también Jo Ellen Arnold, conocida en los círculos de comerciantes como "Dog Lady", quien vive en una casita a las afueras de Washington con miles de esculturas caninas. Saber es poder –esta máxima también se aplica a la hora de reunir una colección de perros. Importante es: El aspecto y el material de la figura, así como la rareza y la popularidad de la raza.

Colorful dogs. The figurines, after being fired once, are place under a magnifying glass for painting.

Bunte Hunde. Die einmal gebrannten Modelle werden zum Bemalen unter die Lupe genommen.

Chiens multicolores. Les modèles cuits au four sont peints à la loupe.

Via libera al colore. Dopo la cottura, i modelli passano all'accurata fase di colorazione.

Perros multicolores. Los modelos ya cocidos, se pintan con lupa.

Images

Photography | Painting

Fotografie | Malerei

Photographie | Peinture

Fotografia | Pittura

Fotografía | Pintura

The renowned painter, graphic artist, and photographer portrays dogs—be it in the style of the old masters or as action painting, from a black and white perspective or with pastel colored realism …

Renommierte Maler, Zeichner und Fotografen portraitieren den Hund – sei es in altmeisterlicher Manier oder als „Action-painting“, aus schwarz-weißer Perspektive oder mit pastellfarbenem Realismus …

De célèbres peintres, dessinateurs et photographes portraiturent le chien, dans le style classique ou « action-painting », en noir et blanc ou couleurs pastel.

Celebri pittori, disegnatori e fotografi si dedicano ai ritratti di cani, nello stile di antichi maestri o come "action-painting", in bianco e nero o in chiave realistica e colori pastello …

Pintores, dibujantes y fotógrafos de renombre retratan al perro –ya sea al estilo de los antiguos maestros o como "action-painting", desde una perspectiva en blanco y negro o con realismo en tonos pastel …

Photography | Painting

Some dogs used as product "trademarks" establish themselves in the human mind and relentlessly send the subconscious command "buy me" to the brain. Every child knows the Bullterrier mongrel "Nipper" listening to "his master's voice" in front of the gramophone. Agip's six-legged dog, also an immortal classic, has been encouraging European drivers to tank up since the 1950s. Champagne, jewelry, cars, not to mention dull insurance and boring building loan contracts — everything is easier to sell with a slightly cuddly animal touch, with a likeable "sniffler dog", for example, which has long been a trademark of C&A, a German clothing chain store, that sniffs out the bargains.

Naturally, Hollywood also discovered the "love-me magic" and fielded superstars like Rin-Tin-Tin, Lassie, and Hootch to gain audience favor. The pack of barking protagonists on television is multiplying almost daily and the original cartoon dogs like Snoopy, Pluto, Pongo, Struppi and Idefix have spawned bizarre offspring from Japan or are carrying on a running battle with the cryptic bat-hound. Four-legged guests in especially luxurious hotels have animal cartoon videos played for them — to enthusiastic yapping, by the way.

The distinctive image, the unique charisma of each individual dog's character is the favorite subject of many artists. For thousands of years they have been immortalizing our loyal companions by scratching them onto cave walls, painting them on canvases, or recording them on the hard drive of their cameras. A few international galleries have specialized in dog art and it probably won't be long before the works of art are signed paws-only.

Pageantry, splendor, and fairytale dogs in tailor-made costumes. Those who see their dog as the true master, have it dressed up and photographed by photographer Anja Hölper. The "Royal dogs" are also available as playing cards.

Prunk, Pracht und Märchenhunde im maßgeschneiderten Kostüm. Wer seinen Hund als wahren Herrscher anerkennt, lässt ihn von der Fotografin Anja Hölper verkleiden und fotografieren. Die „Royal dogs" gibt es auch als Spielkarten.

Faste, luxe et chiens de rêve en costumes taillés sur mesure. Le maître qui reconnaît la supériorité de son chien le fait habiller et photographier par Anja Hölper. Les « Royal dogs » existent ègalement en jeu de cartes.

Lusso, sfarzo e cani da favola in costumi su misura. Chi riconosce nel proprio cane il vero padrone lo affida alla fotografa Anja Hölper perché lo travesta e lo ritragga. I "Royal dogs" sono disponibili anche come carte da gioco.

Pompa, esplendor y perros de cuento en trajes a medida. El dueño de "don" perro hace que la fotógrafa Anja Hölper lo disfrace y fotografíe. Los "Royal dogs" existen también como baraja.

Previous Page:

Dorothee Walter, „Mimi"

Fotografie | Malerei

Photographie | Peinture

Manche Hunde untergraben als „Markenzeichen“ mit feiner Spürnase das menschliche Unterbewusstsein und senden eindringlich das profane Kommando „Kauf mich!“ ans Gehirn. So kennt jedes Kind den Bullterriermischling „Nipper“, der vor dem Grammophon auf „his Master's Voice“ lauscht. Auch der „Six-Legged Dog“ von Agip ist ein unsterblicher Klassiker und feuert seit den 50er Jahren zum Auftanken an. Champagner, Schmuck, Autos, ganz zu schweigen von staubtrockenen Versicherungen und langweiligen Bausparverträgen – alles verkauft sich besser mit einem leicht verschmusten „tierischen Touch“, mit einem sympathischen „Schnupperhund“ (C&A).

Natürlich entdeckt auch Hollywood die „Hab-mich-lieb-Magie“ und schickt Superstars wie Rin-Tin-Tin, Lassie und Huutsch ins Rennen um die Zuschauergunst. Im Fernsehen multipliziert sich die Schar bellender Protagonisten fast täglich und die Ur-Zeichentrickväter wie Snoopy, Pluto, Pongo, Struppi oder Idefix haben schrägen Nachwuchs aus Japan bekommen oder schlagen sich mit dem kryptischen Bat-Hund herum. In besonders luxuriösen Hundehotels lassen sich die vierpfotigen Gäste übrigens unter begeistertem Gekläff animierte Tiervideos vorspielen.

Das unverwechselbare Image, die einzigartige Ausstrahlung jedes einzelnen Hundecharakters ist das Lieblingsmotiv vieler Künstler. Seit tausenden von Jahren machen sie den loyalen Begleiter unsterblich indem sie ihn auf Höhlenwände ritzen, auf Leinwände pinseln, auf die Festplatte ihrer Kamera bannen. Einige internationale Galerien haben sich auf Hundekunst spezialisiert und wahrscheinlich dauert es nicht mehr lang, bis die Kunstwerke eigenpfotig signiert werden.

Certains chiens au flair subtil ont la caractéristique de miner le subconscient humain et d'émettre avec insistance l'ordre profane « achète-moi! » Les exemples sont nombreux. Un enfant lui-même reconnaît le bull-terrier bâtard « Nipper » de la « Voix de son Maître » et le chien à six pattes, choisi comme emblème par la société pétrolière Agip depuis les années 1950, fait partie de la culture industrielle pour l'éternité. Champagne, bijoux, automobiles, sans parler des très rébarbatifs contrats d'assurances ou d'épargne-logement – tout se vend plus facilement avec une note canine attendrissante (voir le sympathique doudou-chien C&A).

Hollywood, prédestiné à créer des modes, enverra des stars comme Rintintin, Lassie et Hooch sur le petit écran pour faire grimper l'audimat. Il ne se passe quasiment pas un jour sans que la télévision ne consacre une émission à un protagoniste aboyeur et les successeurs aux pionniers canins de dessins animés, tels Snoopy, Pluto, Pongo, Milou ou Idéfix, sont issus de la subculture moderne japonaise ou se battent contre l'abscons chien Bat. Dans les hôtels canins particulièrement luxueux, c'est à celui qui aboiera le plus fort devant les DVD mettant en scène des congénères.

L'aura unique de chaque spécimen est un motif très prisé dans l'art. Combien d'artistes n'ont-ils pas immortalisé le plus fidèle compagnon de l'homme depuis des millénaires – en grattant les murs des cavernes, en peinturlurant des toiles ou en ensorcelant un appareil photo numérique ! Quelques galeries internationales se sont spécialisées dans l'art canin. Bientôt l'on verra certainement, au bas des œuvres, des signatures apposées à la patte.

Graphics: Dorothee Walter

Fotografia | Pittura

Ci sono cani "marchio" che sanno circuire il subconscio umano con un fiuto eccezionale, moltiplicando l'efficacia del profano messaggio "Comprami!" al cervello. Non c'è bambino che non conosca "Nipper", il Bullterrier meticcio che ascolta la "Voce del Padrone" dal grammofono. Anche il cane a sei zampe dell'Agip è un classico intramontabile che dagli anni cinquanta invita a fare il pieno. Champagne, gioielli, auto, per non parlare poi di noiose assicurazioni e investimenti: niente di meglio che un "tocco animale" tenero e dolce o un simpatico "cane da fiuto" (C&A).

Naturalmente anche Hollywood ha scoperto ben presto la magia del "prendimi-con-te" e ha spedito superstar come Rin-Tin-Tin, Lassie e Hooch a contendersi i favori del pubblico. Sul piccolo schermo il branco di protagonisti latranti cresce di giorno in giorno e gli antenati dell'animazione come Snoopy, Pluto, Pongo, Struppi o Idefix si confrontano ora con i loro bizzarri discendenti giapponesi o con il criptico bat-dog. In alcuni hotel di lusso per cani gli ospiti a quattro zampe si fanno proiettare video con animali animati ed esprimono con alti latrati il loro entusiasmo.

L'immagine inconfondibile e la personalità unica che ogni cane sa esprimere sono il soggetto prediletto di numerosi artisti. Da migliaia di anni rendono immortale il loro fedele compagno, incidendone l'immagine sulle pareti delle grotte, ritraendolo su tela o salvandone le sembianze nella memoria della macchina fotografica digitale. Alcune gallerie internazionali si sono specializzate in arte canina e probabilmente è solo questione di tempo prima che si arrivi a opere d'arte firmate con la zampa.

Fotografía | Pintura

Algunos perros se caracterizan por "socavar" con fino olfato el subconsciente humano y enviar al cerebro persistentemente la orden profana de "Cómprame." Así pues, no hay niño que no conozca el cruce de bullterrier llamado "Nipper", que escucha ante el gramófono "his master's voice". También el "six-legged dog" de Agip es un clásico inmortal que exhorta a repostar desde la década de 1950. Champaña, joyas, vehículos y ya no digamos las compañías aseguradoras, áridas como el polvo, y las aburridísimas cuentas vivienda –todo se vende mejor con un „toque animal" ligeramente mimoso, con un simpático rastreador (C&A).

Naturalmente, también Hollywood ha sabido descubrir "la magia del quiéreme" y ha lanzado a superestrellas como Rin-Tin-Tin, Lassie y Hooch a competir por la simpatía de los espectadores. En televisión, la jauría de protagonistas ladradores se multiplica casi diariamente y los bisabuelos de los dibujos animados como Snoopy, Pluto, Pongo, Milú o Idefix tienen extraños descendientes de Japón o pelean con el críptico Bat-Perro. Por lo demás, en las pensiones para perros especialmente lujosas, a los huéspedes de cuatro patas les encanta mirar entre ladridos de entusiasmo vídeos de animación protagonizados por animales.

La imagen inconfundible, el carisma único de cada personalidad canina es el motivo preferido de muchos artistas. Desde hace miles de años perpetúan a los leales acompañantes grabándolos en las paredes de las cuevas, pintándolos sobre lienzos, o cautivándolos en el disco duro de sus cámaras. Algunas galerías internacionales se han especializado en arte canino y no tardará mucho antes de que las obras de arte estén firmadas de "propia pata".

Photo: Ulla Bergob
Illustration: Sabina Streeter

In the style of the old masters. The young artist Anna Kanitz studied with Charles Cecil in Florence, where the classical techniques of the French and English schools of painting are taught. Dogs, too, have to sit patiently as models for her.

Altmeisterlich. Die junge Künstlerin Anna Kanitz wurde bei Charles Cecil in Florenz ausgebildet, wo klassische Techniken der französischen und englischen Malerei gelehrt werden. Bei ihr muss auch der Hund geduldig Modell sitzen.

Classicisme. La jeune artiste Anna Kanitz a suivi sa formation chez Charles Cecil à Florence, une école qui enseigne les techniques classiques de la peinture française et anglaise. Ici, le chien a posé patiemment.

Come gli antichi maestri. La giovane artista Anna Kanitz ha studiato presso Charles Cecil a Firenze, dove ha appreso le tecniche classiche della pittura inglese e francese. Con lei anche il cane deve posare pazientemente.

Como los antiguos maestros. La joven artista Anna Kanitz se formó con Charles Cecil en Florencia, donde se aprenden las técnicas clásicas de la pintura francesa e inglesa. También el perro tuvo que posar pacientemente para ella.

Animal protectionist Albrecht Widmann with some of his foster dogs. It is apparent who is playing the main role in the painting by the artist Elisabeth Biron von Curland.

Der Tierschützer Albrecht Widmann mit einigen seiner Pflegehunde. Wer auf dem Gemälde der Künstlerin Elisabeth Biron von Curland die Hauptrolle spielt, ist offensichtlich.

Le défenseur des animaux Albrecht Widmann avec quelques-uns de ses pensionnaires. Le tableau d'Elisabeth Biron von Curland ne laisse aucune ambiguïté sur l'identité du protagoniste.

L'animalista Albrecht Widmann con alcuni dei cani a lui affidati. È evidente chi sia il vero protagonista dei dipinti dell'artista Elisabeth Biron von Curland.

El protector de animales Albrecht Widmann con algunos de sus perros protegidos. Es evidente quién desempeña el papel principal en el cuadro de la artista Elisabeth Biron von Curland.

His Master's Voice. You don't listen, you get spanked. Reward and reinforcement are the most important vehicles on the road to a better understanding. Even if the human alpha dog is forced to say bluntly what is what.

His Master's Voice. Wer hören soll, muss fühlen. Belohnung und Bestärkung sind das wichtigste Vehikel auf dem Weg zu beiderseitigem Verständnis. Auch wenn der menschliche Rudelführer unmissverständlich sagen muss, wo's lang geht.

La Voix de son Maître. L'obéissance passe par les sens. Récompense et encouragement constituent les principaux vecteurs de la compréhension mutuelle. Même si c'est le chef de meute humain qui sans équivoque doit donner les ordres.

La Voce del Padrone. Per insegnare a obbedire occorre lavorare sui sensi. Per raggiungere la mutua comprensione il veicolo privilegiato sono la ricompensa e la lode; al capobranco umano tenere saldo in mano il bastone del comando.

La voz de su amo. Quien ha de oír, necesita consejo. Recompensa y ratificación son el vehículo más importante en el camino del entendimiento mutuo. Aunque el jefe de manada humano sea quien ha de marcar categóricamente el rumbo.

Animals are the best possibility to tie a brand with associations. Classic examples: Agip's six-legged super-Cortemaggiore dog and the Bullterrier mongrel "Nipper" of the Gramophone Company.

Tiere sind die beste Möglichkeit, eine Marke mit Assoziationen zu verbinden. Klassische Beispiele: Agip's sechsbeiniger Supercortemaggiore-Hund und der Bullterriermischling "Nipper" für die Gramophone Company.

Les animaux font de bons logos pour commercialiser une marque. Deux exemples classiques : le chien à six pattes Supercortemaggiore de la société Agip et le terrier bâtard de la Gramophone Company.

Gli animali sono uno strumento imbattibile quando si tratta di collegare determinate associazioni a un marchio. Esempi classici sono il cane a sei zampe Supercortemaggiore, oggi Agip, e il Bullterrier meticcio "Nipper" della Gramophone Company.

Los animales son la mejor posibilidad de vincular marcas y asociaciones. Ejemplos clásicos: el perro de seis patas Supercortemaggiore de Agip y el mestizo de bullterrier "Nipper" para la Gramophone Company.

Dogs are art. The market for dog portraits by young and famous photographers and graphic artists is steadily growing. If you want to be famous in "dog high society," just get into the picture.

Hund ist Kunst. Der Markt für Hundeportraits von berühmten und jungen Fotografen und bildenden Künstlern wächst stetig. Wer in „bester Hundegesellschaft" berühmt werden will, geht einfach mit auf's Bild.

Le chien, une œuvre d'art en soi. Le marché des portraits canins réalisés par de jeunes et célèbres artistes tous arts confondus est en expansion constante. Pour connaître la notoriété « dans l'élite canine », on se fait peindre ou photographier avec son chien.

Il cane è arte. Il mercato della ritrattistica di cani a opera di fotografi celebri o alle prime armi e di artisti figurativi è in continua crescita. E chi desidera trovare la fama nella "migliore società" canina, si fa ritrarre insieme al beniamino.

El perro es arte. El mercado de retratos caninos de fotógrafos jóvenes y famosos, y artistas plásticos crece continuamente. Quien desee hacerse famoso en la mejor compañía canina, sólo ha de retratarse con él.

Following doublepage spread:

Elliott Erwitt, p 208 (from top left clockwise)
New York City, 1996. New York City, 2003.
New York City, 2002. Tokyo, Japan, 2003.
p 209
New York City, 1999.

Laundry
Wash & Fold
O-WASH
OFF AND SE F SERVICE
EASE USE STAIRS
ENTER

In a graphic potpourri of checkered pants, striped shirt, and spotted dog, Picasso demonstrates that human being and animal can be merged into a total work of art.

Dass Tier und Mensch zu einem Gesamtkunstwerk verschmelzen können, zeigt Picasso mit einem grafischen Potpourri aus karierter Hose, gestreiftem Hemd und gepunktetem Hund.

Picasso a illustré combien l'animal et l'humain peuvent merveilleusement fusionner en une œuvre artistique dans cet heureux cocktail de pantalon à carreaux, chemise rayée et chien à robe tachetée.

Il cane e l'uomo si fondono in un'opera d'arte, come mostra Picasso in un pot-pourri grafico con pantaloni a quadri, maglietta a righe e cane a pois.

Con un popurrí gráfico a base de pantalones de cuadros, camisa a rayas y perro con lunares, Picasso muestra que el hombre y el perro se pueden fundir en una obra de arte total.

Glenn Close also succeeds in faultlessly creating a scenic and aesthetic masterpiece with the ingredients: horse, dog, ocean and red jacket.

Auch Glenn Close ist mit den Ingredienzien Pferd, Hund, Meer und roter Jacke ein szenisches und ästhetisch formvollendetes Meisterwerk gelungen.

Avec un cheval, un chien, la mer et une veste rouge comme éléments de composition, Glenn Glose a réussi un chef-d'œuvre de mise en scène et d'esthétique.

Unendo gli ingredienti cavallo, cane, mare e giacca rossa Glenn Close ha creato un capolavoro perfetto dal punto di vista estetico e scenografico.

Con un caballo, un perro, el mar y una chaqueta roja como ingredientes, Glenn Close también ha conseguido una obra maestra escénica y estéticamente perfecta.

Previous doublepage spread:

Elliott Erwitt, New York City, 2000.

Hot Spots
for dogs and their people

Dining

Ally & Dotty
Pariserstr. 7
10719 Berlin, Germany
info@allyanddotty.de
www.allyanddotty.de

Blaufell
Gottesweg 40
50969 Cologne, Germany
kontakt@blaufell.de
www.blaufell.de

Buttercup's Paw-Tisserie
63 Fifth Avenue (St. Marks Place)
Brooklyn NY 11217, USA
buttercup@buttercupspaw.com
www.buttercupspaw.com

Christels Hundebäckerei
Dorfstr. 39 – Ot. Aidling
82418 Riegsee, Germany
info@christels-hundebaeckerei.de
www.christels-hundebaeckerei.de

Frizzis Hunderestaurant
Gerhard Köcher
Besser Str. 44
34281 Gudensberg, Germany
Fon +49 (0) 5603 93060

Happy Dog
Interquell GmbH
Südliche Hauptstr. 38
86517 Wehringen, Germany
info@happydog.de
www.happydog.de

Jeffo
Steinlandstr. 46
84424 Isen, Germany
info@jeffo.de
www.jeffo.de

Mein Napf GbR
Christina Biniek, Iris Dänzer
Magdalenenstr. 11c
64289 Darmstadt, Germany
biniek@meinnapf.de
www.meinnapf.de

Purina
Nestlé PetCare
Postfach 1589
53879 Euskirchen, Germany
verbraucherservice@de.nestle.com
www.nestle.com

Redbarn Pet Products
2148 West 16th Street
Long Beach, CA 90813, USA
info@redbarninc.com
www.redbarninc.com

Snobbish Babies
Aobadal, Tokio, Japan
Fon + 0120 713906

Terra Canis
Wotanstr. 47
80639 Munich, Germany
info@terra-canis.de
www.terracanis.de

Three Dog Bakery
1843 N. Topping Avenue
Kansas City, Mo 64120, USA
threedog@threedog.com
www.threedog.com

Looking good

Anja Hölper
Tigerherz
Edlingerstr. 13
81543 Munich, Germany
mail@anjahoelper.de
www.tigerherz.de

Anna von Kanitz
Via del Prato 58
50123 Florence, Italy

Atelier im Palais
Christiane Droemer
Maria Theresiastr. 38
6020 Innsbruck, Austria

Atelier Sabine Berchtold
Ecstasy Penguin Factory
Berggasse 29
1090 Vienna, Austria
office@penguinfactory.at
www.penguinfactory.at

Dagmar Neffgen
Travelmannstr. 20 a
48153 Münster, Germany
info@herzhund.de
www.herzhund.de

Dorothee Walter
Can Bielet 220
07200 Felanitx /
Mallorca, Spain
Dorothee.walter@web.de

Elisabeth Biron von Curland
Nördliche Seestr. 26
82541 Ammerland, Germany
Fon + 49 (0) 8171 7751

Elmar Flötotto
Am Ölbach 28
33334 Gütersloh, Germany
verkauf@elmarfloetotto.de
www.elmarfloetotto.de

Öne Lancken Design
Auf dem Meere 1
21358 Mechtersen, Germany
info@oene-lancken-porzellan.de
www.oene-lancken-porzellan.de

Peter Nitsch Petography
Albrechtstr. 30
80636 Munich, Germany
mail@peternitsch.com
www.peternitsch.com

Porzellan-Manufaktur Nymphenburg
Nördliches Schlossrondell 8
80638 Munich, Germany
info@nymphenburg.com
www.nymphenburg-porzellan.com

Robert Pfann Portraitgrafik
Magdalenenstr. 11c
64289 Darmstadt, Germany
info@portraitgrafik.de
www.portraitgrafik.de

Sabina Streeter
Munich, Germany
Sag Harbour, NY, USA
Sabina_streeter@hotmail.com
www.sabinastreeter.com

Sony
www.sonydigital-link.com

Staatliche Porzellan-Manufaktur
Meissen GmbH
Talstr. 9
01662 Meissen, Germany
info@meissen.de
www.meissen.de

Swarovski
www.swarovski.com

Relaxing

Dogs in Balance
Forststr. 60
51107 Cologne, Germany
info@dogs-in-balance.de
www.dogs-in-balance.de

Dogs in Style
Genochplatz 4
1220 Vienna, Austria
office@dogsinstyle.at
www.dogsinstyle.at

Greenfields Care Products
Hill Farm
Little Rissington, Cheltenham
Gloucestershire GL54 2ND,
United Kingdom
info@greenfieldscare.com
www.greenfieldscare.com

Sanwhirl
An der Dornwiese 3
82166 Gräfelfing, Germany
info@sanwhirl.com
www.sanwhirl.com

Vierbeiner Reha-Zentrum
Dr.-Marc-Straße 4
34537 Bad Wildungen, Germany
info@vierbeiner-rehazentrum.de
www.vierbeiner-rehazentrum.de

Villa Kunterbunt
Dorfstr. 50
17237 Zwenzow, Germany
info@villa-mv.de
www.beauty-relax-villa.de

Styling

Der gepflegte Hund
Ferchastr. 22
82319 Starnberg, Germany
post@hundepflege-tomic.de
www.hundepflege-tomic.de

Le Chien
Trump Plaza 1044 Third Avenue
New York, NY 10021, USA
info@lechiennyc.com
www.lechiennyc.com

Paola Acco
Via Veneto, 6
30026 Portogruaro (VE), Italy
www.paolaacco.com

Umberto Lehmann
Via Appiani, 9/11
20121 Milan, Italy
lehmann@tin.it
www.umbertolehmann.org

Salon Marie Poirier
84, Boulevard des Batignolles
75017 Paris, France
Fon +33 (0)145 222250
www.mariepoirier.net

Traveling

... to New York

Affinia Group:
Jet set program with the finest dog food, toys, water bowls, and treats. Numerous services. No restrictions on size or weight.

Affinia Dumont
150 East 34th Street
New York, NY 10016
www.affinia.com

The Benjamin Hotel
125 East 50th Street
New York, NY 10022
www.thebenjamin.com

Hilton Hotels:
Room service accepts special requests, reception arranges for dog walkers, etc.

Embassy Suites Battery Park
102, North End Avenue
New York, NY 10281
www.embassysuites.com

Hilton Times Square
234 West 42nd Street
New York, NY 10017
www.hilton.com

The Waldorf Towers
100 East50th Street
New York, NY 10022
www.hilton.com

Loews Hotels:
Information about foot paths; "Loews loves Pets" program includes "Did you forget" cabinets you can fall back on in case you forgot something at home. Room service offers a menu put together by a vet. Animal videos and music CDs.
www.loewshotels.com

Loews Regency Hotel
540 Park Avenue
New York, NY 10021

Starwood Hotels:
Tags with contact address for the duration of stay, and greeting package, individual sleeping places, jewelry, dog collars and leashes, dog massages by licensed masseurs.
www.starwoodhotels.com

The Carlyle
35 East 76th Street
New York, NY 10021

W New York
541 Lexington Avenue
New York, NY 10022

The St. Regis Hotel
Two East 55th Street
New York, NY 10022

Further dog-friendly hotels

Le Parker Meridien
118 West 57th Street
New York, NY 10019
www.parkermeridien.com
Mood music and a "feed the animal" menu with delicacies like steak tartar. All animals are welcome, from anteater to zebra.

The Ritz-Carlton
50, Central Park South
New York, NY 10021
www.ritzcarlton.com
Souvenir photo and VIP program (Very Important Pooch): aroma therapy, dog collar tag, use of stylish carrier bags. Raincoats or cashmere sweaters can be rented in inclement weather.

Ritzy Canine Carriage House
148 East 40th Street
New York, NY 10016
www.ritzycanine.com
Hydro-acupressure massage, room service spa-cuisine, menu, day care room with TV, fitness room, orthopedic beds, roof garden.

... to the USA

Four Seasons Hotel
75, 14th Street
Atlanta, Georgia, USA
www.fourseasons.com

Holiday Inn Hotel
2460 Eisenhower Avenue
Alexandria, VA 22314, USA
www.ichotelsgroup.com
Every Tuesday and Thursday ca. 50 four-legged guests plunge into the nightlife at the "After Work" party. Delicacies from "Madeleines Dogstore" are served.

Olde Towne Pet Resort
8101 Alban Road
Springfield VA 22150, USA
www.oldetownpetresort.com
Limo service, Cyber-cam in the rooms, day camp, care and all the facilities, dog school.

Pampered Pet Inn
2411 Bissonnet
Houston Texas 77005, USA
www.pamperedpetinn.com

The Peaks Resort
136, Country Club Drive
Telluride Colorado
www.thepeaksresort.com

... to the United Kingdom

All with pickup-service

Lucies Farm Luxuryresort, Worcester
www.doghotel.co.uk

The Alldog Hotel, London
www.alldog.co.uk

The Barking Bedgebury, Kent
www.bestdoghotel.co.uk

The Dog House, Carmathenshire
www.thedoghouseonline.co.uk

The Paw Seasons Hotel, Bristol
www.thepawseasons.co.uk

... to Germany

Hotel Herzog Tassilo
Oberweinzierlerstr. 2
94086 Bad Griesbach im Rottal, Germany
hotel@herzog-tassilo.de
www.herzog-tassilo.de
Dog menus, Wellness for dog and man.

Hutel Maier
Wendenheim 2–4
84419 Obertaufkirchen, Germany
info@hundeschule-maier.de
www.hundeschule.maier.de
Boarding-school training for dogs and escorts, guest house for business travelers with dogs, bright double-bed rooms.

Pfötchen Hotels
www.pfoetchenhotel.de

Birkenallee 10–11
14547 Beelitz-Schönefeld
berlin@pfoetchenhotel.de
"Futterküche" restaurant, pet nature trail, dog salon, and much more is offered.

Fuchsbergerstr. 18
40724 Hilden
hilden@pfoetchenhotel.de

Jader Str. 27
26349 Jade
jade@pfoetchenhotel.de

... Worldwide

www.bellos-welcome.de

www.dogfriendly.com

www.dogtravelexpert.com

www.escapio.de

www.petsonthego.com

www.reisen-mit-hund.org

www.roadandtravel.com

www.traveldog.com

Festivals

Crufts Dog Show
The Kennel Club
1–5 Clarges Street Piccadilly
London W1J 8AB, United Kingdom
events@the-kennel-club.org.uk
www.crufts.org.uk

dog days
Seestr. 25
Herrenhausen
30171 Hanover, Germany
info@gartenfestival-herrenhausen.de
www.herbstfestival-herrenhausen.de

Festival 'h.und'
Schlosspark
86926 Greifenberg/Ammersee, Germany
manuela@perfall.de
www.hundefestival.de

The Cla Game Fair
PO Box 6542
Basingstoke RG25 2XQ,
United Kingdom
Chesca.oszczyk@cla.org.uk

Trondheim Dog Festival
Leinbakkan 1
7089 Heimdal, Sweden
Fon +46 8 72864485
www.hundefestivalen.com

Holidays

Camp gone to the dogs
114, Readington Road
PO Box 25
Readington NJ 08870, USA
info@campgonetothedogs.com
www.camp-gone-tothe-dogs.com

Canine Country day school
175, Adams Street
Manchester, CT 06040, USA
info@tailsuwin.com
www.tailsuwin.com

It's PAWSible
60, Main Road
Westhampton, MA 01027
info@itspawsible.com
www.itspawsible.com

Walking

www.canis-kynos.de

www.hundeschule-nationalpark.de

www.hundeschule-roesler.de

www.hundewandern.de

Shopping

Accessoires, Fashion, Interiors, Toys, Jewelry:

Allude
Seitzstr. 8
80538 Munich, Germany
contact@allude.de
www.allude-cashmere.com

Animal Stars Inc.
16787 Sierra Hwy.
Canyon Country, CA 91351, USA
Animalstars4@earthlink.net

Big Dog Stock & Stein GmbH
Kornackerstr. 18 b
85293 Reichtershausen
info@bigdog24.de
www.bigdog24.de

Blaufell
Gottesweg 40
50969 Cologne, Germany
kontakt@blaufell.de
www.blaufell.de

Catnap
2311 St. George Street
Los Angeles, CA 90027, USA
contact@catnap-global.com
www.catnap-global.com

Diggidy Dog
PO Box 223319
Southwest corner of mission & ocean avenues
Carmel by the sea, CA 93922, USA
Fon +1 831 625 1585
www.diggidydogcarmel.com

dogma Lifestyle KG
Lehmweg 33
20251 Hamburg, Germany
info@dogma-lifestyle.de
www.dogma-lifestyle.de

Dogs and More
Friedrichshallerstr. 15a
14199 Berlin, Germany
info@dogsandmore.de
www.dogsandmore.de

Dogs Inn
Meisenburgstr. 81
45133 Essen, Germany
email@dogs-inn.de
www.dogs-inn.de

Etro
www.etro.it

Fashionhorse
Schölerpatt 1
44227 Dortmund, Germany
fashionhorse@yahoo.de
www.hundepulli.de

For Pets Only
Via Atto Vannucci, 3
20135 Milan, Italy
www.forpetsonly.it

For Pets Only
87 Mercer Street
New York NY 10012, USA
info@forpetsonlynyc.com
www.forpetsonlynyc.com

Gaia & Gino
Decorum, Inc.
Abdi Ipekci Cad 44/4
Nisantasi, 34368
Istanbul, Turkey
office@gaiaandgino.com
www.gaiaandgino.com

Gucci
www.gucci.com

Hahne & Schönberg GmbH
Heßstr. 74
80798 Munich, Germany
kontakt@hs-stoffe.de
www.hs-stoffe.de

Hounds Lane
Am Kosttor 1
80331 Munich, Germany
info@houndslane.com
www.hounds-lane.com

Hundestolz
Bilkerstr. 18
40213 Düsseldorf, Germany
info@hundestolz.de
www.hundestolz.de

Karin van Klaveren
Auf der Kiste 52
44379 Dortmund, Germany
karin-van-klaveren@t-online.de
www.kisangani.de

Koko von Knebel
Villa Martius
Hohenbergstr. 4
24105 Kiel, Germany
info@kokovonknebel.com
www.kokovonknebel.de
Stores in Berlin, Düsseldorf, Hamburg, Kiel, Sylt

Les Poochs
www.lespoochs.com

LexViola
Bachgasse 6
79588 Efringen-Kirchen, Germany
info@lexviola.com
www.lexviola.com

Lola Paltinger
Lollipop und Alpenrock
Tal 27
80331 Munich, Germany
info@lolapaltinger.com
www.lolapaltinger.com

Mackie's Parlour
6137 N. Scottsdale Road
Scottsdale, Arizona 85250, USA
mail@mackiesparlour.com
www.Mackiesparlour.com

Nina Ottosson
ZOO Active Products AB
Skrågatan 3
691 34 Karlskoga, Sweden
info@nina-ottosson.com
www.nina-ottosson.com

Northern Moods Europe
Postbox 75234
1070 AE Amsterdam, The Netherlands
www.northernmoods.com

Northern Moods USA
Suite 273
1170 Massachusetts AW
Cambridge MA 02140, USA

Princess BauMiau
La Quinta S.r.l.
Corso Plebisciti, 15
20129 Milan, Italy
www.laquintagroup.net
www.petsandthecityuk.com

proidee
Auf der Hüls 205
52053 Aachen, Germany
info@proidee.de
www.proidee.de

Ralph Lauren
650 Madison Ave
New York, NY 10022, USA
www.polo.com

Rübe Manufaktur
Lillis Collection
Freinsheimerstr. 6
68219 Mannheim, Germany
ruebeversand@aol.com
www.ruebe-versand.de

Ruth Hecking
Spitalplatz 392
86899 Landsberg
Fon +49 (0) 8191 308884
Ruth.Hecking@t-online.de

Stefanie Dullien en petit
Johannisplatz 13
81677 Munich, Germany
www.babywillhaben.de
www.stefaniedullien.de

Susi Wau
Hornstr. 1
10963 Berlin, Germany
info@susiwau.de
www.susiwau.de

Teddys Hundeparadies
Meckelstr. 14b
06112 Halle/Saale, Germany
info@teddysshop24.de
www.teddysshop24.de

The Royal Dog and Cat
Heinersberg 9
95111 Rehau, Germany
info@the-royal-dog-and-cat.de
www.the-royal-dog-and-cat.de

TOBS' Finest for dogs
Reitzensteinstr. 9
82031 Grünwald, Germany
mail@reitsport-tobs.de
www.reitsport-tobs.de

Tom Sander
Hartstr. 14
82275 Emmering, Germany
info@tomsander.de
www.tomsander.de

Wagwear
48 East 11th Street
New York NY 1003, USA
info@wagwear.com
www.wagwear.com

Wallace and Jones
über Wagner Premium Pet Products
Leopold-Hoesch-Str. 23
52511 Geilenkirchen, Germany
info@wallaceandjones.de
www.wallaceandjones.de

Whoopys
Obere Bahnhofstr. 4a
82110 Germering, Germany
info@whoopys.com
www.whoopys.com

Windhundhalsband
Ute Schröder
Schlehenhalde 11
88339 Bad Waldsee, Germany
info@windhundhalsband.de
www.windhundhalsband.de

Wolters cat & dog GmbH
Einsteinstr. 17
27321 Morsum, Germany
info@wolters-cat-dog.de
www.wolters-cat-dog.de

Hundehäuser/Unikate

Beldorado
Imbergstr. 35a
5020 Salzburg, Austria
office@beldorado.at
www.beldorado.at

Brigitte von Boch
Fashion Accessoires Living
Linslerhof
66802 Überherrn, Germany
serviceteam@brigittevonboch.de
www.brigittevonboch.de

Cane e Gatto
Englschalkingerstr. 245
81927 Munich, Germany
kontakt@caneegatto.de
www.caneegatto.de

Casa Cane/FOWE
Maastrichterstr. 47
50672 Cologne, Germany
mail@fowe.de

Christian Jank
Atelier Am Frauenberg 1
83607 Holzkirchen, Germany
chr.jank@t-online.de

Coco Palenque
Bijoux Four Paws
4320 Santa Maria Street
Coral Gables FL 33146, USA
coco@bijouxfourpaws.com
www.bijouxfourpaws.com

Dachshund Treasures
Ann Stout
5619 SW 116th Ave
Cooper City, Florida 33330, USA
ann@dachshundtreasures.com
www.dachshundtreasures.com

Dogue
241–243 Sydney Road
Fairlight NSW 2094, Australia
info@dogue.com.au
www.dogue.com.au

Eduard Meier
Residenzstr. 22
80333 Munich, Germany
info@edmeier.de
www.edmeier.de

Exklusives Hundehaus
Milserstr. 14
33729 Bielefeld, Germany
exklusiveshundehaus@gmx.info
www.exklusiveshundehaus.de

Henry Beguelin
Caribu SRL
Via Adige 13
20135 Milan, Italy
info@henrybeguelin.it
www.henrybeguelin.it

Hundevillas
Dipl. Ing. Stephanie Kohlsaat-Rack
Am Eichengrund 3
21220 Seevetal, Germany
post@hundevillas.de
www.hundevillas.de

hundskerle
Am Herrnholz 47
85630 Grasbrunn, Germany
info@hundskerle.de
www.hundskerle-shop.de

Kurt Sattler
Burggasse 6–8
1070 Vienna, Austria
office@kurtsattler.com
www.kurtsattler.com

Martin Wöhrl/Jochen Wöhrl
Adlzreiterstr. 14
80337 Munich, Germany
woehrlpool@yahoo.com

Mungo and Maud
79, Elizabeth Street
London SW1 W9PJ, United Kingdom
Fon +44 (0)20 79 524571
www.mungoandmaud.com

Outdoordog
Weßlingerstr. 13
82205 Gilching, Germany
info@outdoordog.de
www.outdoordog.de

Peter Straßl
Klenzestr. 58
80469 Munich, Germany

Pet Pavillion
Chelsea Farmers Market
125 Sydney Street
London SW3 6NR,
United Kingdom
Fon + 44 (0)20 73 76880
www.allinlondon.co.uk

Pollux & Papillote
15, rue Pasteur
06400 Cannes, France
frederic.depecker@wanadoo.fr

Randolf Hergenhan
Starnbergerstr. 63 a
24146 Kiel, Germany
info@hergenhan-architekt.de
www.hergenhan-architekt.de

Rita Budimir
Halsbandmanufaktur
Mittelweg 125 a
20148 Hamburg, Germany
budimir@lycosmail.com

Tracy and Fati Designer Dogs
96, Clarendon Road
Ashford
Middlesex TW15 2QD, United Kingdom
info@tracyandfati.com
www.tracyandfati.com

Waaf & Miaou
14, Av. de l'Opéra
75001 Paris, France
Fon +33 (0)142 600226
www.waaf-miaou.com

Magazine

Bark
The bark unleashed
Bark@thebark.com
www.thebark.com

Dogs
heft-service@guj.de
www.dogs-magazin.de

Tresor
Le magazine de l'animal moderne
contact@tresormagazine.fr
www.tresormagazine.fr

Find !
-Photocredits-

We wish to thank the following manufacturers, designers, artists, hotels, restaurants, stylists, shops, festivals, and travel agencies:

Allude (p 74 bottom right)
Ally & Dotty (p 160)
Animalstars (p 77/78; 80/81; 82 top, bottom)
Anja Hölper (p 199; 217 left)
Anna Kanitz (p 202)

Barking Bedgebury Hotel (p 136/137; 178 top)
Big dog 24 (p 72)
Blaufell (p 32/33)
Brunschwig/Hahne & Schönberg (p 84; 90/91)

Catnap (p 102/103)
Christian Jank (p 122; 122/123)
Christiane Droemer (p 191 top left)

dogma/Thomas Hitz (p 48/49)
dogma (p 78 left; 106/107 center; 106 bottom; 107 top, bottom; 108; 218)
dogs and more (p 35; 156 bottom)
Dogs Inn (p 18; 22 bottom; 98 bottom; 99 bottom; 110; 111 bottom; 151; 152)
Dogue (p 40)
Donghia (p 99 top)
Dorothee Walter (p 196; 200)

Elbhund – www.elbhund.com (p 215 left)
Elisabeth Biron von Curland (p 203)
Escapio – www.escapio.de (p 215 right)
Etro (p 96 top; 97 bottom)
Elmar Flötotto (p 193 bottom)

Gaia & Gino/Brian McIntyre (p 46/47)
Gaia & Gino/Isamu Yoda (p 109 top)
Gaia & Gino/Richie Tanaka (p 44/45)
Greenfields (p 133 top; 145 bottom)
Gucci (p 106 top; 126 center left)

For Pets Only, Milano (p 109 bottom)
Frizzis Hunderestaurant (p 156 top; 157)

Hairstyling Christine Tomič (p 135)
Hairstyling Struppi & Co. (p 142/143)
Herzhund/Dagmar Neffgen – www.herzhund.de (p 214)
Hounds Lane (p 22 top; p 52 top; 96 bottom; 97 top; 100; 101; 118/119; 120/121; 195)
Hotel Herzog Tassilo (p 158/159; 161 top)
Hundestolz (p 27 center; 34; 86/87)
Hundevillas/Stephanie Rack (p 42/43; 52 bottom)
hundewandern.de (p 180/181; 181)

Inge Ofenstein (p 206)

Jeffo (p 8/9)

Koko von Knebel (p 20/21; 25 top; 28 top; 36; 37; 56; 62/63; 68 bottom; 70/71; 74 top; 114/115; 124 top; 129; 154; back cover photo top right, bottom right)
Kurt Sattler (p 53 top)

Les Poochs (p 66/67; 77; 130; 136 top)
LexViola (p 28 center, bottom; 29; 92/93; 155; 216 left; 217 right)
Lola Paltinger (p 68 top left, top right)

Martin Wöhrl (p 111 top)
Masseria Montelauro (p 166/167)
Mein Napf (p 162/163; 163)
Mulberry (p 98 top)
Mungo and Maud (p 149; back cover photo bottom left)

Nina Ottosson (p 30; 38 center left; 39 top)
Northern Moods (p 16; 19; 24; 76; back cover photo top left)

Öne von der Lancken (p 191 top right)

Peter Gruman (p 205)
Peter Nitsch Petography (p 207 top)
Peter Straßl (p 50/51)
Porzellan-Manufaktur Nymphenburg (p 191 bottom)
Princes BauMiau (p 126 top, center right; 150; 153; 161 bottom)
pro idee (p 70 left)

Ralph Lauren (p 112)
Randolf Hergenhan (p 54; 55)
Robert Pfann Portraitgrafik (p 207 bottom)
Ruth Hecking/Andrea Stahl (p 69; 75)

Sabina Streeter (p 201 right)
Sabine Berchtold (p 188)
Sanwhirl (p 144 bottom)
Sony (p 193 top)
Stephanie Dullien (p 26 top, bottom; 26/27 top; 27 top)
Susi Wau (p 116/117; 117)
Swarovski (p 186)

The Royal dog and cat (p 25 center; 88/89; 104/105; 121; 126 bottom)
TOBS' (p 26/27 bottom; 27 bottom)
Tom Sander (p 25 bottom)

Ulla Bergob (p 73; 201 left)

Wagwear (p 39 bottom; 118)
Windhundehalsband/Ute Schröder (p 74 bottom left)
Wolters Cat and Dog (p 38 top left, top center, top right, center center, center right, bottom left, bottom center, bottom right; 124 bottom; 125 top left, bottom left)

Stock photography agencies

Alamy (p 31; 178 bottom; 179; 182/183; 204; 213)

dpa/picture alliance (p 12/13; 53 bottom; 60/61; 64/65; 83; 125 right; 128; 132/133; 134; 138; 139 bottom; 140; 144/145; 172; 174; 175; 187)

IFA-Bilderteam (p 10/11; 14/15; 23; 58/59; 141; 146; 164; 168; 169 top; 173; 219)

Popperfoto/Bilderberg (p 212)

Photographers

Aaron Craig (p 202 bottom)
Alexander Koller (p 53 top)
Anja Hölper (p 166, 167)
Benedikt von Perfall (p 6/7; 84; 90/91; 94/95; 98 top; 99 top; 184)
Brigitta Erdödy (p 68 top left, top right)
Christian Bullinger, München (p 50/51)
Claudia Janke (p 42/43)
Damian Trocha (p 69)
Daniela Flamm (p 216 right)
Fotostudio Stanger – www.fotostanger.com (p 191 top left)
Gerhard Nixdorf (p 122; 122/123)
Inge Ofenstein (p 8/9, 25 bottom; 104/105; 127; 171; 176/177; 220)
Jaap van't Veen (p 139 top)
Jörg Steinweg – profoto@t-online.de (p 162/163; 163)
Karin van Klaveren (p 217 center)
Kontarsky media for casa cane (p 2; cover photo)
Kornelia Riedl – foto-tierisch.de (p 142/143; 158/159; 160 top)
Manuela von Perfall (p 169 bottom)
Nadja Meister (p 188)
Sabine Obst (p 126 bottom)
Steven Surfman (p 177 center, bottom)
Sybille Seidl-Cesare (p 170; 177 top)
Tom Roch (p 202 top)
Volker Dornberger (p 75)

Imprint

Author and Editor: Manuela von Perfall

Editorial Coordination: Dr. Kristina Krüger, teNeues Verlag

Layout: Eva-Maria Reuters
ereuters@t-online.de

Translations: Zoratti studio editoriale
David Andersen (English)
Joëlle Grünastel (French)
Chiara Pagnani (Italian)
Concha Dueso (Spanish)

Production: Sandra Jansen, teNeues Verlag

Color Separation: ORT Medienverbund, Krefeld, Germany

Published by teNeues Publishing Group

teNeues Verlag GmbH + Co. KG
Am Selder 37, 47906 Kempen, Germany
Tel.: 0049-(0)2152-916-0, Fax: 0049-(0)2152-916-111
Press department: arehn@teneues.de

teNeues Publishing Company
16 West 22nd Street, New York, NY 10010, USA
Tel.: 001-212-627-9090, Fax: 001-212-627-9511

teNeues Publishing UK Ltd.
P.O. Box 402, West Byfleet, KT14 7ZF, Great Britain
Tel.: 0044-1932-403509, Fax: 0044-1932-403514

teNeues France S.A.R.L.
93, rue Bannier, 45000 Orléans, France
Tel.: 0033-2-38541071, Fax: 0033-2-38625340

www.teneues.com

Bibliographic information published by Die Deutsche Bibliothek. Die Deutsche Bibliothek lists this publication in the Deutsche Nationalbibliografie; detailed bibliographic data is available in the Internet at http://dnb.ddb.de.

ISBN: 978-3-8327-9174-2

Printed in Italy

Manuela von Perfall with some of her dogs